JN091078

短歌で読む宗教学

山口拓夢

田畑書店

短歌で読む宗教学―目次

第三章　宗教学の帰結

はじめに

宗教には興味があるけど、ちょっと怖いな。そう思っている方は多いのではないかと思います。けれども、この本で扱われているのは、そんな類いの宗教とはまったく違います。

大きな木を見て、只《ただ》ならぬ気配を感じる。神社やお寺で手を合わせる。空の高みに神々しいものを感じる。この本は、そのような誰でも持っている宗教性に光を当てています。

無信仰であっても、人間は多かれ少なかれ、宗教的なところを持っています。この本は、万人の「天国への本能」に着眼して、人々の宗教性のおおもとの古い部分を掘り起こし、世界的に広がる宗教性のかたちを詳しく調べて、示しています。

この本のもとになっている内容は、ルーマニアの宗教学者、ミルチャ・エリアーデの主な代表作の数々です。エリアーデは二十世紀最大の宗教学者で、現在もその著作の価値はより大きなものとなっています。

エリアーデは、一九〇七年、ルーマニア、ブカレストに生まれました。早熟で冒険的な子どもで、早くから文筆業を志します。若き日にブカレスト大学でナエ・イオネスクから宗教学の基礎を学びます。このことがエリアーデに与えた影響は計り知れません。

イタリアでルネッサンス哲学を研究したのち、一九二八年から三年間、インドに滞在し、カルカッタ大学に籍を置き、ヨーガやヒンドゥー教の奥義・タントラを学びます。

この頃に、ヨーロッパを相対化する視点を得たのです。

その後、ブカレスト大学でインド哲学史などを教える傍ら、小説『マイトレイ』を出版し、小説家としても知られるようになります。

第二次世界大戦中、ロンドン、およびリスボンでルーマニア公使館の文化担当官として働きました。

第二次世界大戦後はフランスに移住します。フランス語で『宗教学概論』や『永遠回帰の神話』を次々と発表し、宗教学者として目を瞠《みは》るような活躍をします。心理学者ユングが主催する、エラノス会議にも参加しました。ここで世界中の宗教研究者、神話学者、宗教者と交流を深めます。

同郷の作家シオランや劇作家イヨネスコとは旧知の友人です。

エリアーデの代表作は壮年期の後半に書かれた『聖と俗』だと言えるでしょう。

エリアーデは晩年、『世界宗教史』の執筆に力を注ぎました。その仕事は後輩たちによってのちに完成されることになります。研究の場をアメリカに移したエリアーデ

◎エリアーデ（一九〇七-八六年）三十三歳のブカレスト大学時代。

は、一九八六年、シカゴで亡くなりました。没後、彼の編集した『宗教百科事典』が刊行されました。

この本では、そのエリアーデの代表作を、要点を短歌でまとめながら、ほぼ年代順に紹介して行きます。

第一章の「宗教学とは何か」では、エリアーデが渡仏してから書いた、宗教学概論三部作を分かり易くお伝えします。この概論は、独自の宗教現象学を中心に、ブカレスト大学でナエ・イオネスクから教わった考え方も加えて書かれていて、エリアーデの宗教学に対する基本的な学説が集中的に語られています。ここで語られる話の根幹は生涯変わることなくエリアーデの著作を貫いています。

読者が宗教学の手引きとするのに最善だと思われるため、本書の冒頭にこの三部作を置きました。

第一作、『太陽神と天空神』では、人の宗教心の大枠を取り出して提示したい、というエリアーデの宗教学の立ち位置が語られ、手始めに、世界各地の空の神と太陽の神への信仰のかたちを探ります。

第二作の『豊饒と再生』では、実りや復活のシンボルとして、月や水や石や大地、植物がどのように太古から受け取られ、信仰されてきたかに光を当てて、幅広く古代的な心性の特徴を浮かび上がらせます。

第三作の『聖なる空間と時間』では、時間と空間には通俗のものと特別なものがあり、聖地のような特別な空間、祭りのような特別な時間が人々にどのように受け取ら

◎丸石神。山梨県南アルプス市（旧中巨摩郡甲西町）。『石に宿るもの』（平凡社、一九八八年）より。

れているかが語られます。そして神話や象徴の意味で締めくくられています。

第二章「宗教学の展開」では、エリアーデ宗教学の面白さの核心に迫ります。『永遠回帰の神話』では、原古社会の人々が、祖先や英雄が活躍した神話時代へと繰り返し立ち帰ることで活力を得る、すなわち太古の型を反復する傾向が強いことに焦点を当てます。永遠回帰と聞くと、哲学者ニーチェの説を連想しますが、内容的にあまり関連はありません。繰り返し神話的な世の始まりの時を反復することで、生きている実感を持つのが原古社会の人々だと実例を多く挙げて示されます。

続く『シャーマニズム』は、エリアーデ宗教学の白眉だと言えます。シャーマニズムとは、宗教以前の宗教で、いわば、文化の呪術的な起源として横たわっていて、多くの神話やおとぎ話や象徴が、そこから生まれてきた、人類の知恵の宝庫だと言えます。エリアーデは、その定義に始まり、シャーマンの成りかたや、シャーマンが身に着ける特殊な「夢見の技術」を開示し、その儀式の意味まで解き明かしています。その通常とは異なるシャーマンの意識経験の描写は読む者をとらえて離しません。

最終章の、「宗教学の帰結」では、『生と再生』と『聖と俗』を取り上げます。『生と再生』は成人式を初めとする、参入儀礼の意味を論じています。大人になるための通過儀礼、成年結社に加入するための参入儀礼、呪術師や狩人など特別な仕事に従事するための通過儀礼などが、豊富な例を交えて説明されています。参入者はいったん死んで儀礼を経て蘇るため、『生と再生』という題がつけられています。一般的には、エリアーデはこの参入儀礼の研究で有名です。この仕事は、ヘネップの『通過儀礼』をより深化させた著作だと言えます。一度死んで蘇る、擬死再生の儀礼は、宗教民俗学者、五来重《ごらいしげる》氏の研究にもあるように、山伏などの日本の山岳宗教にも見られ、注目に値する分野と言えます。

最後に、エリアーデ宗教学の総決算となる代表作、『聖と俗』を見て行きます。これは、初期の宗教学概論三部作をより分かり易く書き直していて、エリアーデの行き着いた宗教的な心の本質を伝える力作だと言えます。清められた時間と清められた空間を、宗教的な人は渇望するという考えを軸に、人間にとって信仰の的になる、聖なるものとは何かという謎に分け入ります。

この仕事のあとエリアーデは晩年、『世界宗教史』という前人未到の大作の執筆を始め、この仕事は未完のまま後輩たちに引き継がれ、完成に至ります。

私はこの本で、人が誰でも持っている宗教性の背後に広がっている世界の深さと大きさを探り、要点が分かり易いように各部分を親しみ易い短歌でまとめ、読者の宗教学の旅の道案内ができるよう、工夫を凝らしています。

現在、日本ではすっかり忘れられた感があるエリアーデの宗教学ですが、一度足を踏み入れると、手に汗握るような、宗教の知見が無尽蔵にみつかります。ここには、ゲームやマンガで知っていた話の、奥に分け入るような悦びがあります。

簡潔な短歌を手がかりに、読者の皆さんが宗教の森を楽しんで歩いて頂けることを願って止みません。

第一章　宗教学とは何か

『太陽神と天空神』

◎信じるもののかたち

生きている場所や時代は違っても人の信じるものは似ている

宗教を信じる人は、信仰を、俗なる世界に対立させて考えています。では、広く人が信じているものとは何かを知ろうとすると、難しいところがあります。どの時代のどの宗教を扱うのか、決めることができないからです。宗教の資料や対象は、広く人が信じているもの、すなわち「聖なるもの」のかたちを教えてくれます。また、それらの資料は、歴史の出来事として、信仰の対象への人の立ち位置を教えてくれます。インドのヴェーダ文献*は大地が地母神としてみなされていることを示してくれます。初めに、信仰の対象として地母神が登場しますが、やがてウパニシャッド哲学*や仏陀の教えで地母神信仰は乗り越えられます。

◎地母神。豊満な姿は生命を与える力を表す。神秘的な女神像。旧石器時代、オーリニャック様式。『イメージの博物誌』「女神」（平凡社、一九九五年）より。

＊ヴェーダ文献
紀元前一〇世紀から五世紀にかけてインドでまとめられた一群の宗教文書。

＊ウパニシャッド哲学
古代ウパニシャッド文献に書かれた抽象的な思弁哲学。梵我一如を理想とする。

神話や儀礼や神々や俗信は、宗教的な人を知るために、同じように大きな意味を持ちます。人の信仰は時代や場所で異なります。個人的な神秘体験も、その時代の影響がみられます。ユダヤの預言者はイスラエルの宗教史のなかで意味を持ち、大乗仏教の仏性の考えは、ウパニシャッド哲学、サンスクリット語の発達のうえに、生まれてきたものです。けれども、偉大な宗教経験というのは、内容も表現も、しばしばよく似ています。

植物に信じるものが宿るとき宇宙木というシンボルとなる

人の信仰が歴史的であることは、その広い共通性を否定するものではありません。インド人にとって、アシュバッタの木が神聖なのはインド特有の信仰ですが、インド人は同時に「(世界軸でもある)宇宙木」の象徴を知っています。この象徴は世界共通なのです。

別の例を挙げると、嵐の神バアル*と農耕の女神ベリト*の組み合わせは、セム族*の古くからの信仰の対象でしたが、モーゼの一神教の教えとユダヤの預言者たちにとっては、バアルとベリトは邪教でありました。ヤハウェの神は、バアルの神に勝ちました。それは器が大きく、他の文化からも近づきやすい神でした。そしてキリスト教を通して、その神は世界的に共有されました。同じく信仰対象であっても、広く共有されて生き残る神と、すたれゆく神の両方があると言えます。

◎宇宙木。全体性を希求する人間の潜在的な力を表す。ペルシャの細密画。一五世紀末。『イメージの博物誌』「生命の樹」(平凡社、一九八二年)より。

＊バアル
カナン人の嵐の神。雨をもたらす。

＊ベリト
カナン人の地鎮めの女神。

＊セム族
セム語族に属する中東の諸民族。ユダヤ人も含まれる。

民衆と覚者に対し別様に信じるものが経験される

宗教の資料が質も量もばらばらで、地域や時代で手に入る情報が全く異なるにもかかわらず、私たちはどうやって、信じるもののかたちを示すことができるのでしょうか。

実際、ある神の現れは宗教の覚者によって、社会の他の人とは異なって体験され、受け取られます。カルカッタの民衆にとって、ドゥルガー神*は恐ろしい女神で、山羊を犠牲にして慰めなくてはいけません。けれども奥義を授かった者にとって、ドゥルガーは絶え間なく再生している宇宙の生命の現れと受け取られます。

また、シヴァ神のリンガ*（聖物）は大多数の人には男性の象徴ですが、それを宇宙の創造と破壊のエネルギーの宿るものとみなす者もいます。

ドゥルガーの場合もリンガの場合も、民衆の受け取り方と覚者の受け取り方は同等の価値がある、と言えます。植物の神聖さは宇宙木の象徴や生命の木の神話だけでなく、五月の木の行進（メイ・ポール*）、人と植物の秘密の関係、アドニス*など英雄神が植物に変形する説話、植物神、古代ローマのサトゥルヌス*などの農耕神信仰にもみられます。どれをもって植物の神聖さと呼ぶべきでしょうか。

宇宙木の象徴も枝の門つけも緑の命の別様な形

最も確実な方法とは、どんな神聖さの芽生えも見逃さず、あらゆる種類の資料を利

＊ドゥルガー神
ヒンドゥー教の大女神で、シヴァ神の妃。悪魔退治の女神。

＊リンガ
サンスクリット語で「しるし」を表わし、シヴァ神の陽物を指す。

＊メイ・ポール
五月の聖霊降誕祭のために森から一本の木を切ってきて、中央の広場に運ぶ行事。立てた木の周りで踊る。

＊アドニス
ギリシアの美の女神アフロディテに愛された美少年で、猪に突かれて非業の死を遂げ、アネモネに変身した。

＊サトゥルヌス
ローマの古い農耕神。ギリシアの神クロノスと同一視され、イタリアの黄金期を築いたとされる。

用することです。すると、五月の木の行進に代表される民間信仰は、宇宙木と呼ばれる象徴と根はひとつであり、ある神聖さは露わだけれども、別の神聖さは隠れているとわかります。春の初めに、木の枝を持って歩く行事は、十分意味が人々に意識されていない、隠れた神聖さであるのに対して、宇宙木のシンボルは、意味の開示された神聖さと言えます。どちらも、植物に宿った聖なる力の同じかたちを表しています。規則的な再生、不滅の生命、すなわち、周期的に生まれ変わる生命の手ごたえです。このように多様な信仰も共通の核をかたちにしていると言えます。シンボルや神話は、民間信仰では暗示に留まるものを、具体化してくれます。それでも農耕儀礼*の一群は、植物の霊力のすべてを体系化していると言えます。

呪術師は力が及ぶ網の目を前提としてまじないをする

信仰の考察には、本人が自覚していない宗教観を補足する必要があります。魔女がその呪詛《じゅそ》の相手の毛髪をつけた蝋人形を燃やす時、魔女はこの行為が前提としている理論を自覚していないことは多々あります。人が身に着けている物や、爪や頭髪はその人から離れた後も、その人と密接な関わりを保っていることを確信し、認めることではじめてそのような呪詛が成り立っていることがわかります。

このような俗信は、どんなに離れている物も特殊な共感によって結びついている「網の目」があることを前提としています。呪師はそういう空間があると思わなくては、自分の行いの効き目を信じることができません。それを本人が自覚していなくと

◎メイポール。中心の木をめぐる五月舞踊。宇宙が再生される春の祭礼。ベッドフォードシャー、イングランド。

＊農耕儀礼 農耕の節目の都度、神を祀り、初穂を捧げて厄除けや豊作を祈る行事を行う。

も、呪術は行われています。

同様に、古代人の心の宇宙に達することができるのは、神話、象徴、習慣のそれぞれが彼らの信仰の生きた化石となって、古代人の世界観の復元を助けてくれるからです。

余りにも度外れ過ぎるものはみな聖別されて畏怖の場となる

余りに力の強い霊的なものは、畏《おそ》れられると同時に崇《あが》められます。聖なるものの両義性は、心を引きつけるとともに反発させます。聖なるものは、しばしば、神聖であるとともに穢《けが》れたものでもあるのです。穢れへの畏れはこの両義性に由来します。穢れたものは聖別されたものであり、世俗の一切からみて、度外れていると言えます。穢れたものは、余りに尊いものと同様に、近づくのを禁じられます。ポリネシア語のタブー（禁忌）とは、触ると危ないので切り離されて禁じられている物や行動、人の状態を指しています。度外れな自然の力を宿しているあらゆるものが、タブーとなります。近親相姦や不吉なもの、危険なもののもタブーとなります。

度外れな聖痕を持つ人物は精霊たちに選ばれた者

病気や死はもちろん、女性の周期や王や聖人もタブーの的となりえます。王は度外れの力であり、幾重もの儀礼を経ないと近づくことができません。聖人や呪術師にも、この種の畏れはついて回ります。特別な食べ物や聖地なども畏れの対象となります。一方で人は聖性に近づいて、人間としての尊厳を確保し、向上しようと望みますが、他方で度外れの世界に巻き込まれて、ふつうの人間でいられなくなるのを恐れるのです。いわゆる穢れたものだけでなく、どんなに聖なるものでも、反発の念を引き起こしかねないのです。醜いものもまた、その度外れさゆえに、聖別され、呪力を持つとされます。呪術師が異形の者や心の不安定な者から選ばれるのも、度外れさへの畏れに発しています。こうした度外れの兆候、つまり聖痕を持つ者は、彼らを選んだ神や精霊に対して、呪術師や祭司となって、恩返しすればいいということになります。

神々が人や物へと移り住み霊力として信仰を受ける

度外れなものは、人を戸惑わせる神の現れです。この実例はメラネシア語のマナに見て取れます。マナとは霊力であり、族長や呪術師や死者や精霊が、この霊力を持っています。物や人は神聖さが宿ることによってこのマナを帯びます。戦士は死んだ戦士から霊力を得ています。マナは呪物に宿ります。似たような霊力を、アメリカ先住民は、ワカンやオレンダと呼びます。

霊力の生きた化身という意味で救世主から呪物まで読む

結局、強力で効能を持ち、驚かれ、多産なものは、聖別されて、畏れの的となります。けれども、宗教の歴史の中で、古い聖なる対象は、新しい宗教経験を高める障壁となります。他方、霊力が宿っているという見方からいえば、偶像崇拝も正当な信仰と言えます。霊力の化身という考えは、呪物から救世主にまで通底しています。驚くべきもの、度外れなものは、高き者の現れとして位置づけられもします。神々は聖と俗、心と物、永遠と時間などの共存を許します。神々はあらゆるかたちを取って現れることができると言えます。神々に助けられて人は無意味や虚無から脱します。至るところで、儀礼とは始まりの時に、神や先祖が成しとげた偉大な行為の繰り返しだと捉えられています。

◎天空神

世界で最も親しまれている祈りは、キリスト教の「天にましますわれらの父よ」です。最古の祈りは同じく天の父に向けられたのかもしれません。アフリカのエウェ族にも同様の祈りがあります。大地の実りを保証する天空神への信仰は世界中に見出せます。

天空は高みのゆえにそれ自体聖なるものの特徴を持つ

まず、天空を考えてみると、空はただ眺めるだけで高みへの崇敬の念を呼び起こし

◎古代エジプトの天空神ヌー。双子の兄弟にあたる大地神ゲブを覆っている。パピルス画。紀元前千年ころ。大英博物館。『イメージの博物誌』「天地創造」(平凡社、一九九二年)より。

ます。天は無限と彼方の高みを示します。高きものは神の特徴となります。星辰《せいしん》の世界は永遠性や神の座を想起させます。天に儀礼的に上ることで宗教者がたどり着くのはそこであり、場合によっては、死者の魂が昇って行くのもそこであります。祭壇の階段や天の梯子《はしご》を昇る者は、人を超えます。昇天した魂は、人の性格を捨てるのです。高みへの崇敬の念は、知的にも、魂としても湧き起ります。神話化以前、偶像化以前に、天は彼方の高みを意味しています。

アメリカ先住民のイロクォイ族にとって、霊力を持つものはオキと呼ばれますが、オキとは本来、高みにある者という意味です。スー族の人は霊力をワカンダないし、ワカンと呼びますが、これも高みにあるという意味の語です。ニュージーランドのマオリ族の最高神はイホと呼ばれますが、イホは上にある、という意味の語です。天の高みは、それ自体が聖性の現れです。星辰の世界や天気は同じく聖性の徴《しるし》となります。

天空の父なる神はより古く世界で広く下界を治める

天上の神々は元から最高神であり、神話化ののちも天空の聖性として、生き延びています。アボリジニの最高神バイアメは天の川のそばに住んでいます。アンダマン諸島の最高神プルガは天に住む人格神です。フェゴ島のセルクナム族の神はテマウケルですが、この神は天に住む者と呼ばれています。アフリカ人にも、アメリカ先住民にも、天の父への崇敬があります。

天空の神は閑暇を持て余し奥へ退き格下げされる

ただ、天空神はしばしば、暇を持て余します。天の神は母なる大地の女神に最高神の地位を譲って、後方に退くことが多々あります。天空神信仰は、死霊や地方神に取って代わります。多神教は天空神を頂点としながらも、他の神々と勢力を分け合っています。イランの神アフラ・マヅダ*にも天空神の特徴があります。

ギリシアの天空神ゼウスは父であり、家長であります。ゲルマンのオーディン＝ヴォータンは怒れる天空神であり、少しずつ多様な神の特徴を担うようになりました。天空神は暴風神、繁殖神、大地母神の夫というような様々な性格を帯びるようになります。天空に近い山は、天と地の出会う場所で、世界の中心や世界軸の貫く地点と考えられます。天空神は時代とともに退行しましたが、高みへの崇敬はその後も維持されています。

＊アフラ・マヅダ
ゾロアスター教の最高神で善の神。光明の神、創造神とされる。暗黒神アーリマンと戦いを続けている。

◎太陽神信仰

太陽の神は天空の神の子や化身とされて地位を築いた

太陽神信仰は、世界の所々にみられますが、それが優越した地位を持つのは、エジプト、アジア、古代ヨーロッパだけに過ぎません。大西洋の彼岸で太陽崇拝が際立つのは、ペルーとメキシコだけです。つまり信仰が高度に政治的に組織化されたアメリカの古代文明の発達した民族だけである以上、太陽崇拝が支配権を獲《え》ることと、歴史の必然には何らかの一致があると言えます。

世界各地で天空神が太陽化するのは、それが大気と繁殖の神々へ移行するのと、同様の変化だと言えます。原始文化の古い資料は、天空神が太陽神へ移行する動きや、高きものと太陽の結びつきの過程を示しています。至上の天空神と太陽が親子関係にあるとみなされることも起こります。太陽は天空神の眼であり、あるいは創造神の息子とみなされます。空の信仰の分け前を太陽神が得ているという関係が古くから見て取れます。

天空神の太陽化はアフリカによく起こる現象ですが、この太陽神は人々に信仰の具体性をあたえることができませんでした。世界各地で、太陽神は天空神が始めた創造の業《わざ》を引き継いでいます。アメリカ先住民では、この太陽＝造物主は、大鴉《おおがらす》や鷲《わし》を使いとする具体的な神格を帯びています。インドネシアでは太陽神は信仰のなかで大きな地位を占めていました。ここでも、太陽神が活きた神となっているのは、繁殖神的性格を帯びたためです。

没落化した太陽は特定の家系とされて権力となる

各地で、没落化した太陽神は首長や主権者の家系のような、ある家系に独占されています。また、アボリジニの一部では、秘儀の参入者を天空神の息子の太陽英雄の性

◎アステカの太陽神。ボルジア絵文書より『イメージの博物誌』「眼の世界劇場」（平凡社、一九九二年）。

格を分け持つように促します。加入儀礼によって人はある仕方で高きものの息子となります。加入者は儀礼的に死んでから、太陽として蘇ります。

日没は太陽の死とは考えられず、太陽が死者の国へ一時的に落下するものと考えられます。この冥界への下降は、人間の魂を連れて日没時に死出の旅を助ける性格を帯びます。また、世界各地で、首長は太陽から降りてくると信じられています。

エジプトでファラオが、最高権威として太陽神の不死性を持つのは、英雄としてではありません。ファラオは最高の首長であるので、自動的に、試練を経ずに不死性を手に入れます。他方、試練を切り抜けたら不死性を獲るという約束を、オシリス*信仰は民衆的な方向へ広げました。英雄の試練をオシリス信仰は倫理的、宗教的な庶民的試練へと変えたのです。

ギリシアでは太陽神ヘリオス信仰は、地下神的、冥府神的な闇の世界の性格を帯びています。インドでは太陽神は神や人に不死性を与える一方で、日没後の、夜の世界の神と考えられています。

太陽神は最終的に、選ばれた者の守護神や優越性の象徴として、古代のオルフェウス教やプラトニズムに痕跡を留めることになります。

＊オシリス
古代エジプトの死と復活の神で冥界の支配者。エジプト人の来世信仰の中核となる。

『豊饒と再生』

◎月と月の神秘

満ち欠ける月の周期は宇宙的循環の輪を表している

太陽は不変であるのに対し、月は満ちたり、欠けたり、見えなくなるので、この星の生は、発育、誕生、死の法則に従います。月は人と同じように、落ちて行き、死を迎えますが、この死の後に新月という再生がやってきます。このような、初めのかたちへの永遠回帰という周期性によって、月は生のリズムを持つ星となります。その意味で水、雨、草花、実りという生命の循環に支配されている宇宙の隅々を、月が左右しているという考えも、納得できます。月の満ち欠けは、具体的な時間というものを示しています。すでに氷河期時代に、月の満ち欠けの呪術的な意味はよく知られていました。月に支配され、計られる時間とは、生きた時間です。この時間は、雨、潮の満ち引き、種まき、女性の周期という自然現象と関係しています。月の力を見抜いていた原古社会人の心は、月にかかわる諸現象の間に結びつきを見ていました。月、水、雨、多産、植物、死後の運命、加入儀礼は結びつきをもって受け止められました。月のリズムを感じることで、物事の納得が行き、ばらばらな出来事が対応しているとみられ、結びつきがわかります。

月は周期を作るとともに、統一します。月のリズムは多様な現象をひとまとめにします。そのおかげで全宇宙が明らかにされ、定めに従うものとなります。

貝殻や螺旋、真珠で示される官能性が月のシンボル

氷河期時代から月のシンボルとして知られていた螺旋《らせん》は、月の満ち欠け、女性＝貝殻のエロティシズム、月と貝殻の連想からくる水の要素、渦巻と角が示す豊かな生命力の意味を含みます。真珠は女性を海の力、月の力など官能的な生命力と結びつけます。月と水と植物は互いに結びつき、薬用植物には、その効能が込められています。

月は月自体として崇拝されたことはなく、霊力を示すために崇拝されます。月に宿っている力、月が示す現象や無限の生命を崇拝するのです。私たちは月の霊力の現れの徴を読むことができます。月神やその儀礼だけでなく、真珠や稲妻のシンボルは月の宗教性を示してくれます。月は実りや多産、狩りや植物の豊かさ、水や植物の生育と結びついて信仰されます。

脱皮する蛇は月の満ち欠けに似た死後に来る再生を指す

月や月の女神に割り当てられる実りや多産と再生の象徴は、女神の絵になぜ蛇が描かれているかを教えてくれます。蛇は女神の性格として、脱皮＝再生の繰り返しの意味を備えています。月の女神は死の神でもあるので、蛇は死者の霊の化身として、儀礼で重要な動物となります。蛇が加入儀礼に立ち会うのは、再生の象徴に他ならないからです。

このように、月、雨、実り、女性、蛇、死と再生の繰り返しといった現象は、互いに結びついて神話的に受け取られています。水や蛇はそれ自体であるだけでなく、月でもあると考えられています。月は生き物の主であり、死者の案内者であるので、あらゆる運命を織り上げるとされます。月が神話で大きな蜘蛛として描き出されるのもこのような事情によります。織ることは、運命づけること、現実を束ねること、創り上げることを意味しています。月に創られた生命は、運命という型を持っています。ギリシア神話で運命の糸を紡ぐモイラたちは、月の女神です。運命を握る月の女神は、時間の主と考えられます。

有と無の間を絶えず行き来する月の教えは流転する生

それでは、月の神聖さの徴は何を示すのか、考えてみましょう。月の表すものは、有と無、形と影、生と死、すなわち月の満ち欠けが代表する両極の行き来による変化

◎月と豊穣を示すルリスタンの青銅器（イラン）。女性像の上に野生のヤギ。曲線状の角が月を表す。

であり、月の下には永遠不変のものはありません。暗闇からの脱出というシンボルは加入儀礼にも、死や植物にも当てはまり、暗黒時代に続き、崩壊と新時代が来るというような歴史の見方にも応用されます。月は、歴史の満ち欠けを説明することができます。

月は傷つけたあと、慰めます。人生は短いけれど、月が支配する永遠の回帰によって、再生を約束します。あるいは人は、月と太陽の結合という高い完成を時には望みます。それは月＝運命の支配を脱する要求を表しています。

◎水と水のシンボル

万物に姿を変える水はみな命の種を宿す霊薬

簡単に言えば、水とは何にでもなれる素のものを意味しています。水は源泉かつ起源であり、あらゆるものに変われる始まりです。水は世界全体の基礎となっています。水は植物の精髄で、不老不死の薬で、霊水アムリタ*の力を持ちます。長寿と活力を与える癒しの素です。

水はかたちの決まってないもの、まだ潜んでいるものの代表として、宇宙に現れてくるものの基礎として、あらゆる芽生えの器として、全てのかたちが生まれる最初の物質を象徴しています。そして万物はまた水にさかのぼり、帰って行きます。宇宙の

***アムリタ**
インドの伝説の飲料。甘露。

輪は水に発して、水に戻ってきます。水は常にありますが、何かを宿し、あらゆるかたちの種を含んでいます。世界中で、水は同じような意味を持ち、全てのかたちに先立ち、創造を支えています。

水に浸すことは、かたちの解消、かたちなき状態への回帰を意味します。そして水から生まれるのはかたちの現れという創造行為を繰り返すことです。水に触れることは再生を助けます。かたちの解消が新しい誕生を呼び起こし、水に浸すことは生み出す力を受け取ることだからです。水は加入儀礼で人を生まれ変わらせ、呪術では癒し、葬儀では死後の再生を確信させます。水は生む力を宿した、命のシンボルとなります。芽生えの力を宿した水は、大地、動物、女性を多産にします。一切の誕生の器で、かたちを自在に変え、万物の発生の支えである水は、月と同じ位置にあります。

魚と月、女性が示す一連の宇宙の水は多産のシンボル

太古からすでに、水＝月＝女性という型は人と宇宙の生命の輪と見なされてきました。水は新石器時代からジグザグ模様で表わされ、この文字はエジプトの神聖文字でも流れる水を表わしていました。螺旋、かたつむり、女性、水、魚は、実りと多産の幅広いシンボルでした。水は子どもを宿させる液体と受け取られました。ゼウスはアルゴスの王女ダナエに雨粒となって降り注ぎ、子を産ませました。絶世の美女は雲から落ちてきた水滴で受胎したのです。同様の神話は、トロブリアント諸島にも、ニューメキシコのピマ族にも語り継がれています。

水はあらゆる意味で命の根源です。インド神話では原始の水の上に、創造神ナーラーヤナ*またはヴィシュヌ*神が浮遊しはじめ、そのへそから、宇宙木が生えて、そこから神々が産まれてきます。この、水による宇宙創成は、宗教画によく描かれる題材となりました。初めに水があって、そこから多彩な世界が生まれてきたという伝承は、古い宇宙創成説の多くにみつかります。

＊ナーラーヤナ
インド神話で人の原型とされるナラの息子。ヴィシュヌ神と同一視される。

＊ヴィシュヌ
ヒンドゥー教の主神の一人。ブラフマー、シヴァと並ぶ三大神であり、変幻自在である。

再生を確実にする永遠の生ける水とは創造をなぞる

宇宙創造のシンボルで、あらゆる生命の芽の器である水は、呪術で効能のある物質と考えられます。癒し、若返らせ、永遠の命を指す物質は、「生ける水」と呼ばれました。この水は容易に、誰でも入手できるものではありません。それは、しばしば、怪物に護られています。生ける水の水源地に行き、それを得ることは、一種の聖別を受けて、試練を経る必要があります。それは生命の木に近づく場合と同様です。弱った人を浸けると、水は効き目を発揮します。フランスで、病気を癒すとされる泉や川は数知れずあります。穢れていない、汲みたての水、いわゆる初水は、生命力を豊富に宿している水で、癒しの力があり、大昔の創造を繰り返す力があるとされます。呪術は創造の時を繰り返します。呪術師は太古の創造の時の行為をなぞっているのです。初水を使った民間療法の場合、効能のある物質に触れさせて、弱っている病人を呪術的に活性化させようとします。その時、水はあらゆるかたちを無化し、溶かし込む力で、病を吸収すると考えられます。

洗礼は主の復活にあずかった死と再生の象徴となる

罪の清めと再生の手段として水に浸けるという太古からのこのしきたりは、キリスト教に受け入れられて、宗教的意味を深めました。洗礼者ヨハネの洗礼は、病の治癒のためでなく、魂の贖罪《しょくざい》、罪の許しを目的としていました。洗礼者ヨハネは悔い改めのための洗礼を受けるように、述べ伝えました。

キリスト教では洗礼は魂の再生のための中心的な儀式となります。というのも、洗礼は、キリストの埋葬をなぞっているからです。

神学者テルトゥリアヌス*は、神によって聖別された宇宙創造の基本要素としての水について、論じています。水は神の霊の座であり、生ける被造物を最初に創るように命ぜられたのは水である、生命を持つものを最初に生み出したのは水である、どんな自然の水も祈りさえすれば、聖別の力を宿し、健康を得させるだけでなく、永遠の救いを得させてくれる、とテルトゥリアヌスは言います。洗礼は死や埋葬とそれに続く生や復活を表しています。洗礼の時、人は死んで、新しき人として水から出るのです。キリスト教以前も受水は死と復活を指していました。こうした象徴は、人類共通です。水の意味づけは宇宙を全体者として感じ取り、歴史を生きる特別な生き物として人が自覚することで生じてきました。

＊テルトゥリアヌス
（一五〇／一六〇―二二〇年以降）アフリカ出身のキリスト教父で、三世紀最大の神学的著作家。

妖精は本来水の精であり人を引きつけ時に惑わす

神話のなかで妖精は流水、泉、水源の精でありました。妖精は世の始めから、水辺に居たのであり、ギリシア人はそれに人間の姿や名を与えただけです。妖精は水の流れによって、水の呪力によって、水のささやきによって創られたと言えます。妖精は通常、英雄の母親となります。土地の神として、妖精はよく知られ、祈られています。妖精の住む洞窟は、「水＝宇宙の洞窟＝至福＝豊かさ＝知恵」という基本的な意味を離れて、英雄を育てる場となりました。妖精信仰と並行して、民間では妖精への恐怖が見られます。妖精は崩壊させて生命を芽生えさせる水の怖れと魅惑の両面を持つからです。

水神の龍は宇宙の維持力で皇帝の持つ意味と重なる

龍、蛇、貝殻、イルカ、魚などは水のシンボルです。これらは深海の聖なる力を宿し、湖で眠り、川を渡る時、雨や湿気や洪水をもたらします。これらは世界の命の豊かさを支配しています。龍と蛇とは荘子によれば、リズミカルな生命の象徴です。龍は水の精であり、水の波動が生命を養い、雨を降らせ、文明を養います。中国古代の文献には龍＝雷＝生命の豊かさという結びつきがよく出てきます。中国では龍は天空と水のシンボルで、宇宙のリズムを体で現わし、地上に豊かさを分け与える皇帝と深いかかわりがあります。龍は皇帝の力が衰えた時に、あるいは力を盛り返す時に、必ず現れました。

◎中国、清朝皇帝の紋章。龍は水（波）の上に描かれ、四方を支配する。一八世紀。

こうした伝承は、水の持つ聖別の威力を明らかにします。統治権も聖性も、海の精によって分け与えられます。呪力は海底に宿り、神話的な女性によって英雄に伝授されます。蛇信仰は必ず水の呪力と結びついています。蛇やその精霊は、生命、不死、神聖さの守護神で、生命、多産、英雄性、宝物などの守り神でもあります。

洪水は弱ったものを解体し再生させるいわば洗礼

洪水神話は、形あるものを解消して、再び世に送り出す水の力を物語っています。洪水は弱ったものを一瞬にして溶解させ、そこで罪は清められ、新しい人間が生まれ出てくるのです。

水は宇宙の母であるとともに、人は水から生まれたと考えられます。洪水は世界規模の洗礼であります。水に浸ることで一時的に解体し、新しい生命、新しい人間がそこから生まれてきます。水はかたちを解消し、捨て去り、罪を洗い清め、再生させる不定形な力を示しています。水による清めは始まりの時への回帰を意味します。水に近づくことは、宗教的に言って、水で無化し、創造にあずかるという宇宙の定めを再現しています。

◎熊野那智の滝。天から落ちる滝を祀り、信仰する。

◎聖なる石

厳《いか》めしく固くそびえる石はみな存在感で聖別される

石の固さ、粗さ、耐久性は、原古社会の人の宗教心に、聖なるものと映ります。いかめしくそびえる岩、そそり立つ花崗岩のかたまりほど、直に迫り、力に溢れ、気高く、畏怖させるものはありません。ほかの何よりも石は、存在感があります。石は心を打ちます。人は石を見てしまいます。人は石の固さ、粗さ、力を認めます。岩は頼りない人間に欠けているものを示します。石の圧倒感、不動性、大きさ、奇怪なかたちは、人間を越えています。石は戸惑わせ、畏れさせ、脅かすものがあることを眼の前に突きつけます。

人類が、石を石として崇拝したことがあるかは、わかりません。岩や石が信仰の的となるのは、何かが宿っているからです。いわば、石を呪力の道具として、人や死者を守る呪物として、使いました。石は有効な呪力を帯びているために、使用されたのです。太平洋やアメリカ大陸の先住民にとって、時という語は石製の武器や斧、威厳の徴《しるし》、権威を持つ人、儀礼の呪物を意味していました。

青銅器・石器時代の墓守り石は、屍体が決して荒らされないように、霊安所のそばに置かれました。立石（メンヒル）も同様の役目を果たしました。石は動物や墓荒らしから、そして死から保護してくれました。石が腐らないように、死後の魂も永続さ

◎磐座（いわくら）。巨大な岩の信仰は日本各地にある。和歌山県新宮市の神倉神社。

せなくてはなりません。墓石が陽物とされたのも同様の力を期待されたからです。

男石、女石から子宝を授かるという信仰がある

石の礼拝は物としての石に向けられるのではなく、石を聖別している霊験に向けられています。石、岩、一本石、女石、男石などが力を帯びるのは、ある霊験を宿しているからです。生命を守り、生命力を増すために、祖先や死霊を石に封じ込める風習が各地にあります。インドでは新婚夫婦は子宝が授かるように、巨石に向かって祈ります。スリランカでは、女石(ドルメン)のなかには受胎させる祖先が宿っていると信じられ、お供えをして、石をこすります。石には子宝を授ける霊験があるという信仰は広く見られます。非業の死を遂げたものの墓石は、違った意味で畏れを呼び起こします。

ある地方では新生児に石の穴を通らせるしきたりがあります。これが、神の母胎を通っての誕生、太陽の門を通っての再生と考えられるのは明らかです。穴を通り抜ける行為は、女性の門を通しての再生を意味していました。

神の住む天から降った隕石は雨と実りを人にもたらす

多くの地方で隕石は豊かさのシンボルと見なされています。天から降ってきたある種の石は雨をもたらす、とも言われます。雨石の実りの力への信仰の底にあるのは、

その石の隕石としての由来です。石は呪力の徴であり、石は聖なる力の依り代に留まります。

隕石だったメッカの聖石は、世界の中心と見なされています。旧約聖書で神の家と見なされた石ベテルは、石として崇拝されたのではなく、神の降臨の跡として信仰されていました。旧約聖書でヤコブは石の上で眠りました。そこは天と地が通じ合う場所で、天の門に当たる中心でした。ヤコブはアブラハムの神をそこで夢見て、枕としていた石を神の降臨の徴として安置しました。石自体を神とする信仰とモーゼに従う民は戦い続けました。

神のいた証しでもある聖石はやがて世界の中心となる

ヤコブが神と出会ったベテルの石も世界の中心で、ギリシアのデルフォイ神殿のオンファロス（大地のへそ）と呼ばれた石も、地下の神だった大蛇ピュトンの塚であるとともに、世界の中心でもありました。アポロン信仰は大蛇ピュトン信仰を合祀してオンファロスのあるデルフォイ神殿の威光を強化したのでした。

石は世界の中心となり、死霊の仮の宿となり、雨石とされたり、神の降臨の徴とされたりしました。石に宿るものの意味は時代とともに変化したり、別なものに取って代わられたりしました。旅と商いの神ヘルメスは、本来、道祖神の石柱でした。聖石信仰はギリシア人の想像力によって、オリュンポス神の姿を取って生き続けました。

◎オンファロスと呼ばれた石。ギリシア中部の聖地であるデルフォイ神殿の考古学博物館蔵。

◎大地、女性、実り

天空と対の大地の結婚は世の始まりとして広く知られる

ヘシオドスの『神統記』によれば、「大地は自分と等しく、全地を覆うことのできるもの、星空＝ウラノスを生んだ。ウラノスは至福の神々に、永遠に堅固な座を提供した」と言います。この天と地は、無数の神々、一つ目巨人、その他の怪物を生みました。これは、最初の聖婚です。次に神々が続々と聖婚を繰り返し、人間のほうも聖婚を模倣し始めます。

大地を意味するガイアまたはゲーは、ギリシアで広く礼拝されていましたが、他の大地母神信仰が盛んになります。「ガイア」系統の語は、インド＝ヨーロッパ語族で大地や地方を表わす古い語です。ガイアは前ギリシア的な地下神に由来しているので、ホメロスのオリュンポスの神々の仲間入りを果たしていません。けれどもホメロス讃歌のひとつが、ガイアに奉献されています。

実らせて生を育む永遠の母なるものと大地を讃える

アイスキュロスが言うには、大地こそが、全てのものを生み出し、養い、再びその種を受け入れます。パウサニアスによれば、昴《すばる》の星座になった妖精たちが、ドドナ地方で歌ったとされる讃歌があります。ゼウスの助けによって、大地はその実を人に与える、人は大地を私たちの母と言う、という歌です。大地、大地神、大地母神についての、多くの信仰や神話や儀礼が伝わっています。大地は宇宙の支えであるので、大地には多くの意味が読み取られました。大地が信仰されたのは、大地が初めからあったからであり、常に生み出し、実をならせて、すべてを受け入れてきたからです。広く宗教のかたちを読み取る場合、大地信仰を貫く主要な糸を探り当てるのにとどめると、エリアーデは言います。

ヘシオドスが述べた天と地の結婚は世界中の神話に見られます。天空が最高神の役を果たした多数の神話では、大地は天空の伴侶であり、この組み合わせの神話は、インドネシアからミクロネシアに至るオセアニア文明に広く見られます。アフリカ各地でも天と地の結婚は、宇宙の実りをもたらします。アメリカ先住民や東洋やゲルマン神話も同様の組み合わせを持っています。

大地とは森や沼地や洞穴と一体化して信仰される

宇宙創造神話では大地の果たす役割は、受動的です。大地の聖なる性質は地表だけに限定されず、土、石、水、影といったものも含まれています。大地は多様な聖なるものの容れ物としての宇宙だと言えます。宗教的人間に、もとから大地に属するものと、山、森、木、緑のように、大地を通して現れるものとの区別は難しいことです。大地とそこに生えるものは、万物の源泉で、その存在感は人を捉えます。

父親は子どもの仮の親であり子どもは土地の繁殖で宿る

受胎の科学が知られる前、女性を身籠らせるのは父親ではなく、自然の何かに触れる時に、子どもが胎内に入り込むと信じられていました。子どもは文字通り、土地の人でありました。アルメニア人は、大地とは人間が生まれてくる母胎だと考えていました。ペルー人は、自分たちは山や石の子孫だと信じていました。子どもの発生する場所を洞穴、割れ目、泉などと考える民族もいます。ヨーロッパでも、子どもは沼や川、木などからやってくるという俗信があります。大地は、沼地や洞穴などの小宇宙を含んで受け取られています。

大地や洞穴や沼地が子どもの父親であるとすると、人間の父親は養子として子どもを引き受ける他にありません。大地とは、最初の宗教経験では、人の周りの土地全体でありました。大地という語は土地、広がり、堅さ、黒さなどの意味を含みます。大地の神とは古くは、土地の神であったのです。

農耕や実りの神となる前に大地は直に母とみられる

地下としての大地の聖性は、実を結ばせる母親の養育力でした。大地が地母神、実りの神となる以前は、大地はそのまま母として、母なる大地として現れていました。後に農耕文化が発達して、植物と実りの女神という性格が前に出るにつれて、地＝母

◎妊婦型の壺。古代メキシコの地母神。身体に時間や四方など宇宙観が描かれる。チュピクアロ文化、前六〇〇〜一〇〇年。『イメージの博物誌』「女神」（平凡社、一九九五年）より。

の形跡は消えてなくなります。ギリシアでは、穀物の女神デメテルが母なる大地ガイアに取って代わります。そうは言っても、「地母」信仰の跡は、古代の民間信仰の記録に見られます。アメリカ先住民のウマティラ族の賢者スモハラは、弟子たちが土地を耕すのを禁じました。なぜなら、母なる大地を、傷つけ、引っかくのは罪だからです。スモハラが言うには、「母の胸を耕して傷つけたら、自分が死んだ時、母は私を抱いて憩わせはしないだろう。また、石を彫り出すのは母の肌を裂いて骨をむき出しにすることだ。そんなことをしたら、母の体内に入って生まれ変わることはできない。干し草を白人のように売るのは母の髪を切るに等しい。」

こうした地母に対する信心は、稀なものではありません。インドのバイガ族は森の一部が火事で焼けた時、残った灰に種をまく農業しかしませんでした。それは、鋤で母の胸を裂くのはいたたまれない、という理由からでした。このような例は、多数みつかります。

大地信仰はたとえそれが、最古の宗教でないにせよ、消え難い信仰です。この宗教が農耕文化に取り込まれると、永続します。古代では、生まれた赤子を地面に置き、亡き子どもを土葬にして、瀕死の人を地面に寝かせます。この慣習から、地母ガイアへの信仰を復元できる見込みがあります。エリアーデは、地母信仰のいくつかの型を考察します。

母が子を大地に寝かせ父親が起こすかたちで父の座を得る

教父アウグスティヌス*は、子どもを大地から抱き上げるラテンの女神レヴァナ*が地母神だと語っています。アブルッジ族では今も、子どもを沐浴《もくよく》させて、産着を着せて、すぐ地面に寝かせる習慣があります。同様のことは、北欧、ドイツ、パルシー教徒、日本でも行われていました。寝かせた赤子を父親が抱き上げるのは、父による親子の縁組みを意味します。これは、子どもを実の母である地母に抱かせる儀礼だと言われます。別の意見では、これは地母に由来する魂を子どもに得させる儀礼だとされます。どちらにせよ、これは実りの根源である地母信仰を示しています。地面での分娩は、各地にある民俗です。世界中に広まっているこの儀礼の意味は、母＝大地の考えだと言えます。多くの地方で、子どもは大地から来た、とか私生児は大地の子であると考えられています。モルドヴィニア人には、子どもを養子にする時、子どもをいったん大地に返し、ふたたび誕生させなければならないという信仰もあります。

母親が地面に大地のゆりかごを草や灰などで作って乳飲み子を寝かせる習慣も各地にあります。

＊アウグスティヌス
（三五四―四三〇年）西洋古代最大のキリスト教父。ローマの属州北アフリカのタガステで生まれ、カルタゴで学ぶ。『告白』『神の国』で有名。

＊レヴァナ
新生児を清めるローマの女神。

捨てられた子どもは地母の乳を飲み英雄、王や聖人となる

大地や水に託された捨て子は、生き延びると、英雄や王や聖者となるとされます。地母に救われ、育てられた子どもは、特別の運命を背負います。家ではなく、自然の乳で育てられるからです。そのため、英雄や聖者は捨て子のなかから輩出されます。それは、地母が捨て子を守り、凡人の及ばない偉大な運命に委ねたためだとされます。

地母神は君臨せずに天と添い農耕神に地位を委ねる

結論としては、大地は肥沃で、生きていて、産む力があるということです。人は土である、というのは、人間が地母から生まれ、それに帰るからです。生まれるのは大地の母胎から出ることであり、死ぬのは母のふところに帰ることです。女性を畑とみなすのは、多くの文明に見られます。十二世紀の讃美歌では、乙女マリアは、耕されない土地に実を結ぶ、と称えられています。妻を畑と見なすことは、夫を鍬《くわ》に見立てることと対になっています。大地を肥沃にするために男女の交わりを演じる儀礼は、農耕文化の各地にあります。これは、農耕の宗教性として考える必要があります。大地は生み続ける母胎であり、大地の聖性は、母なる実りと言えます。地母は最高神とはならず、天と結婚するか、農耕神に代わられる運命にありました。けれども死者が大地に眠るのは、母なる大地に育まれて、再び生まれ出るためであるという信仰は広く存続しています。

◎植物──再生の象徴と儀礼

宇宙木は尽きることない生命の大きな幹を表している

北欧神話で、宇宙は巨大な樹木として描かれています。この神話の宇宙木という表現は、無数の伝承にかたちを変えて出てきます。まず、全体として、聖木、植物の象徴、神話、儀礼をまとめて考えることができます。その資料は多く、分類できないほど多岐にわたっています。実際、聖木、植物の儀礼や象徴は、世界の宗教や民間信仰に必ずみられます。北欧のトネリコ＝イグドラシルや、聖書の生命の木と、インドの木の結婚の儀礼やヨーロッパの五月の木の行事の背景はそれぞれ異なっています。民間信仰で言えば、儀礼の木は、木の象徴的な意味を端的に示しています。けれども儀礼の木は木の象徴の豊かな富を言い尽くしてはいません。人は、宇宙木、植物の再生の儀礼が広まっていく主要な理由を割り出せます。けれどもその歴史をたどるとなると、壁に突き当たります。

仮に、植物の象徴の歴史をたどれるにしても、まず、樹木、植物とその象徴の宗教的な役割は何なのか、樹木の象徴は一貫して、霊力の何を示し、意味するかを知る必要があります。多様な象徴の意味の間に明白な関係があるか考えるべきです。民間信仰であっても、宇宙木の宗教的な含意であっても、その差は関わりがありません。

当面のあいだ、道に迷わないように、植物信仰を七通りに分類してみることにします。

1．石＝木＝祭壇の型。これは宗教の太古から、有意義な小宇宙を成しています。
2．宇宙像としての木。
3．宇宙における神の現れとしての木。

◎イグドラシル＝トネリコの木。北欧神話にあらわれる宇宙木。

4．生命、汲み尽くせない実りの豊かさ、絶対的な力の象徴としての木。
5．世界の中心で、宇宙を支える木。
6．木と人との神秘的な結びつき。
7．植物の再生、春、年ごとの再生の象徴としての木。

この分類は大まかで、不完全ですが、資料に共通な要素に目を向けさせる手掛かりとなります。ここから樹木は、絶えず再生している、生きた宇宙を表現していることがわかります。

宇宙木は、不死の木であります。尽きることのない命は、絶対的な力の表現なので、樹木は絶対性の象徴であり、世界の中心となります。覚者が宇宙の流れから離れて、現象を越え出ようとする努力は、宇宙木の根を断ち切る、と言われます。

繰り返し木に現れる霊力は人に見えない現実のかたち

このように広く、一貫性のある木の意味は、太古的な心に、木のどのような特徴から出てくるか、考える必要があります。それは、宗教的な人間の木を前にした直観を知ることでもあります。古代人の宗教経験にとって、ある種の木は何らかの力を表していることは確かです。この力は単なる木ではなく、背景に宇宙が広がっています。樹木信仰は単に木への崇拝によってではなく、樹木を通して現れ出る霊力のために、信仰されたと言えます。具体的には、例えば、木に宿る霊が問題となり、木の象徴性が問われます。樹木が宗教的なものになるのは、木の力によって、木が表現する何かのゆえであります。木が聖なるものとなるのは、人間的な世界を越えた現実を示しているからです。その隠れた現実は、具体的なかたちで現れ、実を結び、周期的に再来します。木はそれ自体で世界であり、世界を繰り返し、集約しています。木という部分が、世界という全体を繰り返し表現しています。聖木は象徴であるからといって、木の特徴の具体性を失いません。象徴が抽象的になるのは、特殊な文明の段階を経た時だけです。

植物の多様な意味の根源はまた蘇る生命の発露

植物の霊力の表現がどんなに豊富で多様であっても、一つの一貫した意味にとらえ直すことができます。例えば、宇宙木と、五月の木の行列の民間行事（メイポール。15頁の写真参照）との間の違いは、それが宇宙規模のシンボルであるか、村単位の儀礼であるかという様式上の違いであることは明らかです。ある儀礼は、寓意、神話、伝説以外の具体的な表現で、実現されます。

といっても、木の多様な意味は、同じ一つのことを表しています。つまり、植物とは、生きた力の、周期的によみがえる命の現れだということです。人間が木から生まれる神話、植物の春の儀礼、英雄が植物に変身して薬草となる話、などは同じ根本を言い表しています。

つまり、その根本とは、植物は生命となる力を分け持っていて、生命は果てしなく繁茂し、無数のかたちで再生するために、永続しているという事実です。受胎するために、または赤ん坊を守るために木に触るのは、植物に力や生命が宿っているという広い信念を意味していて、その信念は、宇宙木というシンボルにも、生命の木という不死の実をつける樹木の神話にも、同じように含まれています。いずれの例でも、生命は植物の象徴を通して、眼の前に姿を現わします。

一本の樹木は宇宙に匹敵しすぐ傍の木が霊力を帯びる

植物は、植物自体でないものをも意味することがあり、それゆえ霊力の表現となり得ます。植物は霊力を宿し、指し示します。木や植物が霊力の徴となるのは、地上を越えた力を分け持つからであり、地上を越えた力を示すためです。宗教の根源では、一本の木は宇宙に匹敵し、よくある草木が霊力を帯びるのです。

ゲルマン神話のイグドラシルの木は宇宙全体を表しますが、ゲルマン人からみれば、どんな樫の木も、イグドラシルの命を繰り返す以上、霊力の現れとみられます。同じように、アルタイ人にとっても、どんな樺の木も、世界の木となりえます。実際、シャーマンは樺の木を儀礼的によじ登って、天の各層に昇るのです。

具体的に見れば、植物信仰と一口に言っても、実態は複雑なものです。植物を通して、周期的に再生し、栄養を与えられ、強化され、促進されるのは、生命全体であり、自然そのものです。植物の成長は、宇宙の生命の発現なので、人がこの生命を分け持ち、自分のために役立てられると信ずる限り、人は植物の力の「しるし」、五月の木

◎樹に登る女性のシャーマン（マチ）。空への旅を成就させるために太鼓を打ちながら上の段に上がる。チリのマプチェ地方。『イメージの博物誌』「シャーマン」（平凡社、一九九二年）より。

を運ぶ儀礼、春の枝による門つけ、木の結婚の神話などを用い、あるいは聖木として信仰します。

人間は植物自体を拝まずにそこに宿った生命を見る

けれども、植物自体への信仰というものはありませんでした。植物の成長を促し、儀礼で用いる時は、実りの儀礼でさえも、宇宙的な力のほうに働きかけ、儀礼を行ったのです。いわゆる植物信仰と呼ばれるものは、季節の儀礼の一部で、宇宙の命の再生劇にはめこまれています。ここでは植物の霊力の意味を切り取って論じてきました。古代の宗教経験に照らして言えば、植物、地母神、愛の神は、神話全体のなかで、結びついて現れてきます。植物のシンボルを使い、植物の「しるし」を讃えることは、生命のあらゆる現れを讃えることでもあります。

このように植物を生命と自然に結びつけることは、万霊崇拝ではありません。自然の蘇りと新しい生命の始まり、創造の周期的な繰り返しを示してくれるのが、植物であり、春の儀礼であります。ここでは複雑すぎる意味を持つ植物神には触れることができませんでしたが、その研究には、まず、神とは何かを省みる必要があるのです。

◎農耕と実りの儀礼

巡り来る季節のなかで農耕の個々の動作は儀礼の一部

農耕は、宗教的意味を持つ儀礼であります。農耕は生命に関与し、種、畝《うね》、雨、植物の精に宿る生命の成長を祈念するので、儀礼の意味合いが強いのです。耕す人は霊力に満ちた場に入り込み、その場所と一体化します。耕す動作は宇宙の循環のなかで行われ、年ごとの作業、季節、夏と冬、種まきと収穫は、農耕の一連の意味を強化し、その一つ一つが自立した価値を持っています。

農耕社会が閉じた時間の輪と繋がっていることは、行く年の追放と来る年の招き入れ、厄祓いと力の再生とに関わっています。農耕儀礼には明るい信仰があります。何ものも本当は死なず、全ては始まりの種に帰り、春の訪れを待って安らいでいるという信仰です。とはいえ、巡り来る時に基づいた見方に従えば、いくつかの劇的な瞬間を経る必要があります。宇宙の鼓動を儀礼的に生きることは、対立する力のなかで生き切ることだからです。

地母神の上で耕し幸を得て地霊を鎮める農耕の神話

農耕作業は神話儀礼です。というのも、地母神の上で耕し、植物の生命力を呼び起こすだけでなく、女神の恵みや地霊の怒りに触れるからです。穀物の成長を促し、耕すことを許されるために、一連の儀式を執り行う必要があり、冥界と接触さえするからです。

性的な働きかけは作物の繁殖力を直に引き出す

女性と農耕について考えると、両者は緊密に結びついています。ドイツにはつい最近まで女性が裸で畑にえんどうの種をまきに行く習慣がありました。女性の肌着や靴下に種を入れて畑に持ってゆく習慣もあります。女性の呪物に触れさせることで、種の繁殖力を引き出そうとするのです。大地の実りと女性の産む力とのつながりは、農耕する人の基本的な心性となっています。女性が植物の繁殖力を促すなら、聖婚や乱痴気騒ぎはさらなる養分だと期待されるのももっともです。猥雑な呪術が農耕儀礼に占める役割も考えに入れるべきです。フィン人は母乳を数滴たらしてから、種まきを

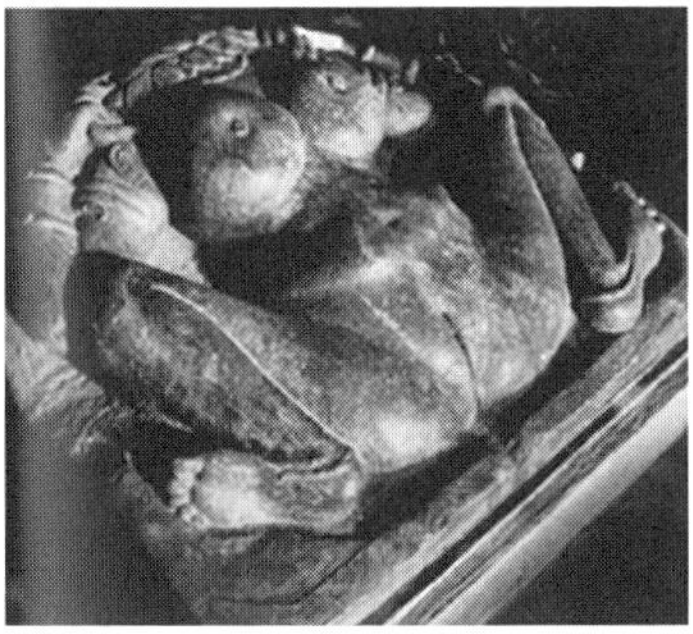

◎出産者としての女神像。ヨニはサンスクリットで女陰を意味する。ハイデラバード、八〇〇年ころ。『イメージの博物誌』「女神」（平凡社、一九九五年）。

します。これは冥界への供物とも多産の共鳴を期待しているとも受け取れます。女性が土と見なされるなら、男性は種まきに見立てられます。

穂を残し実る力を温存しました翌年の再来を祈る

このような例からも、農耕の儀礼的な性格はわかります。女性、多産、性、裸体はそれぞれが聖なる力の中心なので、祭礼のドラマの起点となります。宇宙の多産を表わすこれらの中心以外でも、農耕の仕事はそれ自体で儀礼です。供犠、その他の儀礼と同じく、農耕の作業も身を清めないと始められません。種まきや収穫の前に農耕者は体を洗い、新しい肌着を身につけます。種まきや刈り入れの時に、一連の儀礼的動作をします。最初の種はまかれずに、精霊への供物として畝の外に投げられます。収穫時にも、初穂は天使や乙女や麦の母のために畑に残す習慣があります。当然のこととして、作物を実らせる神や精霊は、文化ごとに異なります。

農耕劇の型はかなり具体的にわかります。無数の農耕儀礼は収穫に現れる力を前提としています。いずれの儀礼も、人間と作物に宿る力に友好関係を築き、この力の再来を祈念しています。最後の穂を残しておく習慣は、植物の力を枯らさないための配慮と考えられます。残しておいた穂は植物や土に力を温存します。実らせる力は枯渇せず、呪術によって、再来します。この信念は穀物霊や精霊に対する供物に繋がります。

始まりや終わりに獲った麦束は福を招いて厄除けをする

あるいは最初か最後の麦束を刈る儀礼もあります。植物の力はこの麦束にも宿っているとされます。人々は争ってその力を得ようとするか、逆に、追い払おうとします。その力が、余りに度外れと思われるからです。その麦束は幸運をもたらすとか、来福や厄除けの力があると信じられています。エストニアでは、初穂の麦束は予言の力があるとされ、娘たちはその穂を投げて、誰が最初に結婚するのかを占います。麦束が結婚や子宝を招くという信仰は各地にあります。

作物に宿る聖なる力は様々なかたちで擬人化されて、麦の母、娼婦、老人などに見立てられます。ペルーではとうもろこしの母と呼ばれる人形が、女性に似せてとうもろこしで作られ、それがたくさんのとうもろこしを実らせる力があると信じられています。インドネシアにも、稲の母という人形を作る習慣があります。植物に宿る力は、その他、爺さん、婆さん、麦の女王などと呼ばれて、祝福されたり、追い払われたりします。刈り入れ人も、農耕の力と同一視されると祝福され、または穂の殺害者として忌み嫌われたりします。麦の人形を焼いて畑にまいて、豊作を祈る地方もあります。

行く年を祓い清めて来る年を晴れやかにする農事の暦

収穫物が納屋に運ばれた時、農耕の守護神のために動物の供犠が行われ、あるいは穂を供える習慣があります。一巡りの行事は秋の収穫祭で終わります。農耕の周期は、行く年を送り出し、来る年を迎え入れ、人や社会を祓い清め、再生させます。

農耕神は、地下の冥界の主とされ、死者の霊の王とされました。植物は冬の間、死者たちとともに地下で眠り、再生を待っているからです。

地の種のごとく死人の生命も新たな年もまた蘇る

冬の乱痴気騒ぎや冬祭では、弱った植物の力を刺激して活気づけることが祈念されました。植物の生命は土に埋めるという見かけ上の消滅を経て再生します。同じことは、死者や生霊の魂にも起こります。乱痴気騒ぎによる秩序の解体とその鎮静化を繰り返すことで、エロス的な生命力は呼び覚まされ、再来を果たします。その意味で、農耕は死と再生の儀礼と結びついています。女性は畑であり、男性は種まき人であり、地下の種のように、死者の生命も新しい年も再生するという、農耕から学んだ思考の型は、人の歴史を大きく変えたと言えます。

◎聖なる空間――寺院、宮殿、世界の中心

始まりに神や先祖が闊歩した場所を守って霊力をもらう

どんな力の現れも、どんな神聖さの現れも、それが現れ出た場所の持つ意味を、全

面的に変えてしまいます。それまで、俗世の空間であったものが、聖なる空間に変わるのです。先住民にとって、風景全体が魂に満ちていて、風景は至るところに意味を持っていて、自然は人間の歴史を刻んでいます。力や神聖さの現れのために、自然は一種の神話となるのです。先住民にとって、トーテムの中心で行われる儀礼のすべては、始まりの時に神話的な人物によって行われた行為をなぞり、真似て、再現しています。

聖なる空間という考えは、その空間の意味を変え、特別視し、聖別して、始まりの時の聖なるものの現れを繰り返すことを指しています。聖なる空間は、その永続的な霊験を、そこに現れた聖性そのものから引き出します。部族民は力が弱ると、祖先発祥の地に行って、祖先たちの度外れの力を受け取ります。このように、神や先祖が活躍した場所は、力と神聖さのあふれる源泉となります。はっきりと言えることは、神聖さとの交わりができる確実な場所が常にどこかにあるということです。

アボリジニは昔からの秘密の場所が、部族の文明発祥の地とのつながりを保つように気を配ります。これは、宗教的な心性であり、霊力を生み出す中心と直に交わりたいという願いに他なりません。こうした聖地は、代々、あるいは住む人が変わっても、時には、宗教が変わっても、受け継がれて行きます。古代の聖地は、現代のキリスト教徒にとっても、聖なるものとされています。聖なる場所が引き継がれて行くことは、聖性の自立を示しています。聖性は、人間に外部から降りかかってきます。聖なるものが、突然、その場所に顔を出したのです。

事実、この場所は人のほうから選び出すものではありません。それは、偶々《たまたま》人によってみつけられただけなのです。聖なる空間は、何らかのしかたで、人間の前に立ち現れます。人が世界を聖と俗に分けるのは、その結果だと言えます。

聖地とは霊気あふれるだけでなく触れると怖い呪的空間

家を建て、聖域を囲う場合も、その土地はあらかじめ聖なる徴を帯びています。牛のあとをつけて行って、牛が止まった土地を聖地とする、あるいは方位占いや土地占いで吉とされた場所を住まいとするような例があります。聖人が神の奇瑞《きずい》をみつけた土地が聖地とされます。逆に聖人ゆかりの土地が、隔てられて聖別されることもあります。聖地の囲いというのは、霊力が湧き出ていることを示すだけでなく、俗人がうっかり踏み込んで危ない目に遭うのを防ぐ意味合いがあります。寺院や家の敷居は聖俗を隔てる意味があります。都市の城壁は、軍事的意味よりも先に、呪術的な魔神や怨霊からの防壁でありました。

祭壇や寺院は世界の中心で世の始まりの空間を指す

祭壇や拝殿などの聖なる場所は、昔ながらの決まりによって、建造されます。けれども、このいわゆる建造も、始まりの時の聖なる場所の祖型を示す、過去の縁起に基づいています。この型は以降、新たな祭壇、新たな寺院や拝殿を建立するごとに、無限に反復され、繰り返されます。縁起から聖なる空間を建造する例は至る所にあります。ヴェーダ時代の祭壇は、一方で、世界創造と受け取られています。粘土をこねた水は原初の水とされ、土台の粘土は大地とみなされ、祭壇の壁は大気とみなされます。他方、祭壇は、ご神体を物体化したものでもあります。こうして祭壇は俗なる時空と隔てられた小宇宙となります。その意味で、祭壇の建造とは、宇宙創成の再現と言えます。

同様な小宇宙の創成は、曼荼羅の建造にも見られます。曼荼羅は世界像であると同時に、万仏殿であります。加入儀礼は、曼荼羅の小宇宙の圏内に入ることを意味します。寺院はすべて、宇宙全体を表します。その建物は、宇宙山を意味し、世界の中心に建てられているとみなされます。聖性の現われが起こるすべての場が世界の中心になります。

新しく新居を建てて町を成すその営みは宇宙創成

どのような新居も、ある意味では世界の作り直しです。永続し、堅固であるためには、新居や都市は、儀礼を経て、宇宙の中心となる必要があります。都市の建設は、世界創造の繰り返しです。都市は宇宙の秩序をかたどって、四つの門を作り、四つに分けられる習いとなっている例が多々あります。

宇宙木を護る魔物と戦って勝つ英雄は不死性を得る

◎ボロブドゥール遺跡。一辺一二〇メートルの基壇の上に方形段と円段を重ね、その上に仏塔を建てる。仏教の宇宙観を象徴する立体的な曼荼羅を形作っている。インドネシア、中部ジャワ島。

各地の神話や伝説には、七層の天に当たる七本の枝を持つ宇宙木が出てきます。それは世界を支えている木や柱であり、その実で不死を与える生命の木であります。この木は生命と聖性の根本を表し、世界の中心とされます。その木に近づくには難関があります。木は近づきがたいところにあり、怪物に護られています。その木の果実やそこにある黄金の羊毛を手に入れるために怪物退治をするのが英雄の役目であり、木にまつわる宝は不死を意味します。迷宮というものも、中心を守る建造物です。迷宮に分け入ることは、神聖さ、不死、力の根源へ参入することを意味します。迷宮は秘儀参入のための試練です。中心への道には壁があります。とはいえ、どの町、どの寺院、どの住まいも、中心にあると言えます。すべての帰宅は、苦難を経て家という中心にたどり着くことであり、ギリシア神話のオデュッセウスの旅の終わりであります。

聖地かつ世の中心に住みたいという人類の永遠の願い

まとめて言うと、人はこの種の聖なる場所でしか生きられません。聖地が出現しない時は、方位占いなどで、聖なる場所を人は割り出します。英雄のみが参入できる中心がある一方で、家は、一つ一つが世界の中心に建てられているとされます。それは、楽園への回帰の憧れを示しています。一方では近づきにくく、他方では思いのままに建造されるという、聖なる場の二面性は、有益かつ危険という、神聖さの持つ矛盾の共存と結びついています。小さな経験であっても、人は聖なる祖型に近づき、その型を実現しようと願います。そのような神聖さへの回帰の願望が、人にはあるのです。

◎聖なる時間――永遠に原初に立ち帰る神話

繰り返し儀礼の度に人間は初めの時を今ここで生きる

宗教でも、呪術でも、巡り来る時は、神話的時間を何度も利用することを意味します。繰り返される始まりの時は、今ここに再現されます。キリストの受難と復活は、復活祭で実際に信徒の目の前で起きると言えます。キリスト教徒は歴史的な出来事の同時代人だと自覚する必要があります。聖なる時間は繰り返されることで、現在の出来事となります。

魔女は救い主の傷に貼るために、薬草を採りに行くのだと語ります。呪術的な意味で、魔女はキリストの受難の同時代人となります。魔女の薬草に効力があるのは、救い主の傷に効くからです。民間医は聖母マリアか聖人に出会い、マリアや聖人から薬を教えられたと語ります。

民話は人が楽園の木を伐採に行き、聖母が天の梯子を自ら降りてくる神話的な時間で病気の治療法を教えます。巡り来る時、繰り返し、永遠の今は聖なる時間の特異性を物語っています。儀礼は神々や祖先の時を再現しています。ニューギニアでは船長は、神話的英雄アオリ*の役を演じます。同じく漁師は神話の人物キヴァヴィア*になり切ります。始まりの時を真似ることで、人は聖なる時間に入っていきます。

＊アオリ
顔が黒く翼を持ったニューギニア神話の英雄。

＊キヴァヴィア
ニューギニア神話の弓の名手。

歴史が繰り返し再生するということへの願いが、人にはあります。これをギリシア―オリエント世界では大年《おおとし》と呼びました。大年は宇宙創造に始まり、混沌によって、つまりあらゆるものの完全な溶け合わせで終わります。この循環は、創造と、歴史と、混沌への立ち帰りを含んでいます。興味深いのは、人には時間の全面的な再生への希望があり、どんな巡り来る時も絶対的な始まりを持っています。どんな歴史も始まりの時に回帰するたびにご破算になるのです。人には、俗なる時間を抜け出て、聖なる時間を生きたいという願いがあります。同時に、時間を全面的に再生したいという願望を持ちます。永遠の始まりの時を生きたいという、永遠への憧れは、聖なる空間の場合の楽園への憧れと同種のものです。永遠への憧れは、人がこの世で、地上で、今ここで楽園を味わえると信じていることを示しています。その意味で、聖なる空間と時間についての古代の神話や儀礼は、無数の地上の楽園や、経験できる永遠とでも言うべきものへの郷愁の念がいかに強いかを教えてくれます。

◎神話のかたちと働き

人間は神話の型を反復し再現しては意義を見出す

神話とは儀礼や人の一切の意味ある行為のモデルを示す

ポリネシア人の神話では、初めには、闇に沈んだ原始の水しかありませんでした。最高神イオは、広大無辺の空間に休息していましたが、そこから出たいという望みが生まれました。たちまち、光が現れました。それからイオは言いました。「水よ、分かれよ。天よ、形を成せ。地よ、成れ。」こうして、最高神イオの天地創造のことばによって、世界は今あるようになりました。

ポリネシア人にとって、この宇宙創成神話は、あらゆる創造のモデルとなっています。神話の主な働きは、一切の儀礼や意味のある行為のモデルを定めることです。

ニューギニアでは、神話は祖霊を表わす仮面をつけた俳優が出てくる多くの祭りの源泉となっていただけでなく、秘密の礼拝の核になっていました。

ポリネシアの宇宙創成神話は、宗教生活と無縁に見える、男女の交わり、落胆者、老人や病人の慰め、詩人や戦士を鼓舞するなど、命のある何かを作る時に、モデルを与えるだけでなく、家や船や国を作る時にも、モデルとして働きます。

このような神話的モデルは、原古的な伝承に見られるだけではなく、ウパニシャッド哲学でも、人間の夫婦は天と地という宇宙の夫婦と同一視され、受胎は神々の創造を反復するとされます。天と地、太陽と月の聖婚にこの世の対立物の結合が重ね合わされます。

更新、再生、回復は、原初の誕生の繰り返しであり、この誕生は宇宙創造神話にさかのぼります。年ごとの春の蘇りは宇宙創成の再現であります。

毎年、世界は新たに作られます。メソポタミアでは、新年に創造の詩が詠唱されます。聖なる行為や新年や春の訪れに示される「しるし」は、創造のドラマを暗に表しています。儀礼や聖なる行為や新たな年の始まりは、意識的かどうかにかかわらず、宇宙創成神話をなぞっています。信仰に見られる、緑の枝や動物の出現という「しるし」は、神話のモデルの凝縮したものだと捉えることができます。

神話での卵の意味はかの時の世の始まりを宿し生むもの

宇宙創成の卵というモチーフは世界各国にみられます。とりわけ重要なのは、宇宙創成の卵の神話的、儀礼的な表現です。オセアニアでは、人間は卵から生まれたと信じられています。いわば、そこでは宇宙創成が人間発生の祖型になっているのです。人間の創造は、宇宙の創造を真似て、繰り返します。

実際、多くの場所で卵は自然や植物の再生のシンボルと結びついています。新年の木、五月の木、聖ヨハネ祭の木は、卵や卵の殻で飾られます。植物の生命の再生の象徴である木と、宇宙創成の「しるし」である卵が結びつくと、宇宙創造の瞬間を現前させることになります。卵の力は卵に込められている象徴で示されています。それは誕生により、宇宙創成のモデルに添って繰り返される再生に結びついています。新年祭と卵は深く結びついていますが、世界が再創造される新年には、死者は再生の希望を持ちます。このような神話・儀礼のおおもとの考えは宇宙の祖型的な誕生の繰り返しです。卵は復活を確認し、促進させる象徴となります。

フィンランドの農民には、種が確実に成長することを祈って、ポケットに卵を入れておくか、畝の上に卵を置くしきたりがあります。卵は地下の神々への供物であり、

◎世界の卵をこしらえるプタハ。古代エジプトの宇宙創成神であるプタハは、陶工のようにあらゆる技術の創始者にして発明家だった。

しばしば、死者への供物でもあります。卵の儀礼の根本の意味は、初めの時に万物を生み出した創造行為の繰り返しを祈念することです。

神話とされるものは、初めの時に起こった出来事や、その時代に生きていた人物について語られたことだけでなく、原初の出来事、原初の人物と関係のある全てを含めて、神話なのです。卵は創造の神秘を表わす、宇宙創成の凝縮物です。

ある意味で、どんな神話も宇宙創成神話の一種です。どの神話も、原初の出来事の出現を語るからです。有益なのは、神話の共通点や神話が太古の経験に果たした役割を割り出すことです。

神話とは人の行為の先例で世の決めごとの源泉である

神話は、人間の行動の先例であるだけでなく、人間の置かれた立場の先例であります。神話は、現実のあり方の祖型だと言えます。現実のあり方を示す神話のなかでも、二項対立の神話、そしてその再統合の神話という一群があります。神話伝説のなかでは、神と悪魔の友愛、英雄と敵との結びつき、聖人と魔女との友情や血縁関係について語られています。二元性の化身となっている人物に共通の父を与える神話も、多く見られます。

別の型では敵対する両者が入れ替わる話もあります。インドの火の神アグニ*は同時に蛇でもある祭司アスラつまり悪魔であります。蛇は火の潜在的な様態で、闇は潜在的な光であります。鬼子母神カーリー*は優しくて恐い母であります。その点で、シ

◎ドゥルガー女神の悪魔退治。トラにまたがる女神が進むと、その息からカーリーら分身を生む。やせ衰えた恐ろしいカーリーが手前に描かれる。一八世紀、カングラ派の絵画。『イメージの博物誌』「女神」より。

＊アグニ
火を神格化した古代インドの神。天・空・地の三界に出現する。

＊カーリー
鬼子母神。シヴァ神の妃ドゥルガーと同一視される。

ヴァ神*は定期的に世界を作ったり壊したりする両極性の祖型と言えます。

全ての神話は、初めの時に起こった出来事を語り、あらゆる行動や定めに対する先例となり、後の世の人間はその祖型を繰り返すことになります。この祖型の繰り返しは俗なる時間の廃棄と呪術・宗教的時間への入り込みを引き起こします。呪術・宗教的時間は神話的な時の再来となります。儀礼を執り行う者は俗なる時空を飛び越えます。神話的祖型を真似る者、儀礼で神話の詠唱を聞く者は初めの時に立ち戻ります。太古的な心にとって、初めに起こった歴史は繰り返されなければなりません。神話は内容が豊富で、その内容は祖型的であり、物事の意味を示します。太古的な人間は、神話的祖型を実感して生きたいという根源的な願いを持っています。神話の古代的心情は、芸術、科学、社会宗教などを生み出す憧れの源泉として生き続けています。

*シヴァ神
ヒンドゥー教の大神で破壊と再生の神。日本では大黒天と呼ばれる。

◎象徴の構造

人間は神自体には遠くても象徴により霊験を知る

どんなかたちにせよ、ある種の象徴的な意味を示さないような呪術・宗教はほとんどありません。どんな宗教や呪術のしるしも、力の現れか、神聖さの現れか、神の現れです。神自体は遠くても、人はより遠回しな霊験の現れには、よく出会っています。例えば、ある種の石が呪物となるのは、死者の魂が宿るからであり、あるいはその石が聖なる力や神性を表わすからであり、あるいは宗教的な出来事がその石の近くで行われたからです。また、ヤコブが伏して寝た石が聖物となったのは、その石が神の出現の場となったからです。ベテルの石やデルフォイのオンファロスの石が聖物となったのは、それらが世界の中心にあり、宇宙と地上と地下の接点となるからです。あるいは、ある種の孔あき石は、その形の太陽や女性性の象徴によって、聖物となります。翡翠（ひすい）は古代中国の象徴で、貴石とされます。主権と力を表わすとともに、不老不死の薬とされました。

翡翠がそのような力を宿しているのは、太極図の陽の部分を指しているからであり、そこで、太陽や帝王や永遠性を備えているとされたからです。翡翠は金と同じく陽を含み、宇宙の生命力の中心となります。

象徴は聖化作用を身近にし持って歩ける霊力とする

そして真珠の場合には、陰陽以前の古い象徴にたどり着くことができます。貝塚で真珠や貝殻がみつかるのは、呪術や医術で用いられ、儀礼で神々や河川に捧げられたからです。真珠は女性性を示す貝殻の中から見つかるので、水から生まれたか、月から生まれたと考えられていました。それゆえに真珠は水の持つ養育力を帯びていて、月の呪力を分け持っていて、女性の装飾品となり、あるいは死者を再生させる呪物とされています。

聖なるものによって直接に聖別されないものは、象徴を分け持つことで聖性を帯び

◎ニューギニアの女性の美しい装飾。額には三日月型の貝、子安貝のネックレス。

ます。人は象徴に神性を感じますが、ある神から別の神に象徴が引き継がれるのは、よくある現象です。インドでは雷であり、ダイアモンドでもある金剛石は、アグニ神からインドラ*へ、そして仏陀を意味するものへと移っていきます。象徴はそれ自体で霊験を示します。月の印があるお守りは、月が描かれているゆえに霊験があると考えられています。お守りには呪術的な役割があり、その霊験を保証しているのは、月の象徴的意味です。神聖さそのものは人から遠いのに対して、象徴は人と神聖さの絶えざる絆となります。象徴は、世界の聖化作用を無限に延長し、神聖さの代理となり、持って歩ける霊力であり、住むことができる聖地なのです。

***インドラ**
インドの雷の神。仏教では帝釈天に当たる。

天空や大地や草木それぞれが象徴的な網の目を持つ

いわば、呪物から、イエス・キリストに至るまで、ある意味で象徴だと言えます。イエス・キリストは、人間のうちに神性が受肉することの象徴とみなされます。月を表わす熊の象徴、月と先祖を表わす白と黒の絵は、周期的に再生する世界と人間の運命を端的に示しています。洗礼、洪水、沐浴などの水の象徴は、水の再生力をよく示しています。天空や大地や植物などのそれぞれが独自の象徴のつながりを持っています。そこで、人は、象徴の論理ということばを、正当に使うことができます。

象徴の網目によって人間は宇宙のなかに居場所を作る

象徴は、その集団の一員にはわかるけれども、よそ者には理解できない言語を形作ります。その言語はそれを身につけている人の社会と宇宙との関係を表現しています。象徴の網目はその人が宇宙のリズムを分け持ち、宇宙のなかに適切に位置づけられていることを示しています。

水や月の象徴の連鎖によって、生物＝人＝宇宙の広い領域が共通の意味で理解できるものとなります。呪物は単なる断片ではなく、象徴のなかに位置づけられます。あるものが象徴になると、それは象徴世界の全体と一致しようとします。聖なるものの現れは、神聖さを全体のなかに位置づけ、その聖物だけであらゆる神聖さを意味しようとします。

祭壇のどんな石も、創造主となり、全宇宙を意味します。象徴には、できるだけ多くのものと一体化する傾向があります。水や月の象徴は、生と死をあわせ持ちます。真珠は生命や女性や実りと結びついて、月と水の意味を幅広く示します。真珠の象徴は生命と女性と実りの同一性を表します。

象徴的思考は、人間が現実のあらゆるレベルを行き来するのを許します。神話や儀礼は象徴によって宇宙的な出来事を、今、ここで体験する道を人に開きます。

第二章　宗教学の展開

『永遠回帰の神話』――祖型と反復

◎「型の繰り返し」の文化

物事や行為の意義はかの時の型を分け持ち確実になる

この『永遠回帰の神話』は原古社会の人にとって、「ほんとうに、ある、とはどういうことか」という問題に取り組んだ論考です。

ここで扱われるのは、原始文化的な世界と、各地の古代社会の両方です。原古社会の世界観は、抽象的なことばで語られず、象徴、神話、儀礼が束になって、「ほんとうにあること」についての一貫した信念を示しています。

そこでこの象徴や神話と儀礼の意味を汲み取るために、まず、それを理解する必要があります。もし原古社会の神話や象徴の意味に分け入る構えがあるなら、これがある根本的な世界観を示していることを見て取ることになります。アボリジニも古代メソポタミア人も、それを抽象的には語りません。彼らの世界観は、象徴や神話を通じて、凝縮して語られています。

原古社会の様相をよく見る時、俗なるものごとも、人の行いも、自律的な価値を持たないのだとわかります。ものごとや行為は、俗界を越える力とかかわるお陰で、価値を持ち、そのことで、ほんとうにあると言えるものとなります。

無数の石のなかで、特定の石だけが聖なる石となるのは、その石が伝承や形の特異さで聖物となり、あるいは呪力を得るからです。また、その石が神話的な偉業を記念するからです。つまりこの物は、自分を周りから引き離し、意義と価値をもたらす力の器として現れます。この力は物の材料に宿ったり、かたちに宿ったりします。一つの岩が信仰の対象として現れるのは、それ自体が力を宿すからであり、厳然と圧倒的な存在感を持って、他が真似できない強さで、そこにあるからです。平凡な石でも、奇石であるため、あるいは神話的な由来のために、霊験を帯び、尊い地位に引き上げられます。神々のいる天から降ってきた隕石、深海から採ってきた真珠もその類いです。また別の石は、祖先の霊の憩いの場であるために、あるいは聖書のベテルの石のように、そこにかつて、神が降りてきたために、尊いものとなりました。

人間の行いについて考えるならば、行いの意義や価値は、原初の聖なる行為を生き直し、神話的なモデルを反復することで生じます。食べる行為一つをとっても、それは神との交わりを再現することであります。結婚式の乱痴気騒ぎは、神話的祖型を反復します。かつて、神々、祖先、英雄によって、始まりの時に演じられたものであるために、繰り返されます。

◎巨人ガルガンチュアの食事場面。F．ラブレー『ガルガンチュアとパンタグリュエル』より。

人間の行為は祖先や神々が成したからこそ有意義になる

あらゆる行為は、原始文化の人間にとって、祖先や神々がなしたということで、初めて意味を持ちます。生活は、始まりの時のわざの繰り返しです。この一定の始原のわざを意図的に繰り返すことは、ある世界観を示します。自然物や人工物は、始原の力を分け持つことによって、本物になるのです。各地の多様な文化の事例は、この原古の世界観を確かめる助けとなります。

その特徴を挙げてみると、古代人にとって、この世の事物は天空のモデルの反復であります。また、「今、ここ」の確実性は、中心の象徴にかかわることで、与えられます。儀礼と特定の仕草が意義を持つのは、英雄や祖先によって、かの時に定められた行為をなぞるためです。

こうした事実を示すことは、根底に横たわる世界観を知るための基礎となります。

土地や寺、町はかつての天空の理想の場所を分け持っている

まず、土地、寺院、都市の天空の祖型について、話を進めます。

メソポタミア人によると、チグリス川はそのモデルをアヌニット星に、ユーフラテス川はつばめ星に求めています。シュメール人の古典では、神々の創造の地に羊の群れや穀物の神々が現れたとされます。ウラル・アルタイ人にとっては、山は天空にモ

デルを持っています。エジプトでは地名は、天上の野から名づけられました。イラン人の世界観では、すべての現象は天上のモデルに一致します。下界に現れるものは、天界を分け持っています。

寺院は特に天上にモデルをもっています。シナイ山でヤハウェはモーゼに、神のために建てるべき神殿の天上的な型を教えました。

天上のエルサレムは、地上のエルサレムが人の手で建てられる前に、神によって建てられました。天上のエルサレムはヘブライの預言者たちのヴィジョンを誘いました。同一の教えはインドにもみられます。すべてのインドの王都は近代にいたるまで、黄金時代に、宇宙の主の住んでいた天上の都のモデルに従って造られたものです。宇宙の主のように、王は黄金時代を再建し、完全な統治をして、地上に再現しようとします。プラトンの理想界は星の世界のものではないけれど、その神話的な表現は天界に求められています。

新しい土地に住むのはかの時の天地を創るわざを成すこと

人の登る山、人が定住する土地、舟の往来する川、町や神殿は、地上を越えたひな形の再現として受け取られます。耕されていない土地は、まず、宇宙化されて、そのあとで人が住みます。新しい国土に住むことは、天地創造のわざをなぞります。スカンジナビアの開拓民たちは、神の創造を反復し、荒れ野を宇宙に変える気構えでした。新しく住む土地は、儀礼を通してかたちを与えられ、有意義な場所に変わります。土

◎平等院鳳凰堂。極楽浄土を再現するべく建てられた仏堂。平安時代。

地や国、出来事や行為になされる無数の清めのわざは、古代心性の、聖なる力を分け持って、その確実性に与かりたいという強い願いを表わしています。

神殿や住居を人が作るたび広い世界の中心とみなす

また、人は神殿や住居を世界の中心と考える信仰を持ちます。その考えの特徴を挙げると、天地が出会う聖なる山は世界の中心を表します。また、すべての寺院や宮殿や王都は、聖山であり、中心とみなされます。大地の軸にあるため、聖都、寺院は、天、地、地下界の接点と考えられます。

イスラエルのタボル山は、へそを意味しています。パレスチナのゲリジム山も大地のへそと呼ばれ、世界の中心とみなされています。ラビ文献によれば、キリスト教徒にとって、ゴルゴダは世界の中心にあります。そこは宇宙の山の頂にあり、そこでアダムは創られ、葬られたとされます。キリストの血はアダムの遺骸に注がれ、アダムを救済したとされます。

バビロニアの寺院と聖なる塔の名は、宇宙山と等しいことを示しています。そこは、家の山、すべての国の家の山、嵐の山、天地の絆と呼ばれています。都市と聖所は宇宙山の頂きとみなされます。イスラムの伝承によると地上の頂きはカアバ神殿*です。それが天の中心に向かって立っていることを、北極星が示しているとされます。宇宙山とみなされる寺院や神殿は、天、地、地下の接点です。

◎アテネのパルテノン神殿。古代ギリシャ世界の中心。アクロポリスの丘に建つ。

***カアバ神殿**
メッカの中心部にあるイスラム教の最高の神殿。

人間は寺院や家を軸として宇宙の山を中心とする

中心のシンボルは複雑ですが、寺院や山の例からその意味はわかります。この同じ象徴性が、ヨーロッパ近代まで残存しています。寺院は天上のエルサレムを再現しているとされます。山の喩《たと》え、昇天の喩え、中心へ至るという喩えと同じく、天上のエルサレムとしての寺院は文学作品にもみられます。

中心は何よりも聖地であり、強い霊気の支配する場所です。同様な象徴、生命の木、若さの泉なども、中心にあります。この中心に至る道は、苦難の道です。寺院の過酷な螺旋階段、聖地巡礼、黄金の羊毛を求める英雄の旅、迷宮のさすらいを経て、人は永遠性に近づきます。

いかなる聖地建立も宇宙創造を反復しています。建立された聖地はその基礎を世界の中心に持っています。インドでは聖地建立の際、宇宙を支える蛇の頭に釘を打ち込み、世界の中心とみなします。聖地には供犠によって息が吹き込まれます。大地を清め、世界の中心とすることでその真に有るという価値を確実にして、神の供犠の反復でその土地は強固にされます。天地創造のわざを反復して、聖地建立が始まりの時という神話的な時間に与かります。儀礼は、かの時に神々や英雄が始めた偉業を反復します。

儀礼とはかつて神また英雄がなした偉業を繰り返すこと

どんな儀礼にも、その神話的モデル、祖型があります。人は神々が太初になしたわざをなさねばならない、というインドの格言は、世界各国の儀礼の意味を要約しています。すべての宗教的行為は神々、文化英雄、*神話的祖先が定めたものと考えられています。

バッコス祭の司祭は、乱痴気騒ぎの儀礼を通して、神話のなかの、ディオニュソスの物語を再現します。オルフェウス教徒はその加入儀礼を通して、オルフェウスの一連の神話を繰り返します、ユダヤ・キリスト教のサバト（安息日）は、神が創造のあと休息をした故事をなぞります。イエスは弟子たちの足を洗ったあと、汝らもこのようになせ、と言いました。キリスト教の愛は、イエスの模範によって清められます。イエスを真似る行為が人間の罪を消して、人を祝福します。イエスを信じる人はイエスのなしたことを実行して、自分の限界と無力さを越え出ます。礼拝式とは、イエスの生涯と受難をなぞる行事です。結婚式もまた、神話的なモデルを持ちます。すべての婚礼儀礼は創造の際の宇宙規模の神々の聖婚を繰り返しています。両性の交わりと農耕作業の同一視は多くの文化にみられます。

祭りの大騒ぎと婚礼のいずれも、神のわざを真似て、宇宙的ドラマを再現する儀礼であります。神話は人の行為に確実性を約束する後ろ盾を与えます。

＊文化英雄
神話や物語で人々に新しい文化をもたらす英雄。

何らかの人の意義ある行動は神話に発する型に従う

明らかな意義を持つ、あらゆる行為、狩り、漁、農耕、競技、闘争、両性の交わりは、何らかのしかたで神聖さとかかわります。

舞踊を例に取ると、すべての舞踊は本来、神聖なものでありました。いわば神話的なモデルが舞踊にはありました。例えば、トーテム的動物や紋章的な役目を果たす動物の仕草の模倣であり、その動作は呪術的に生命を増やし、生まれた赤子をその動物にあやかるように期待して再演されます。舞踊は祖型的な身振りや神話的な瞬間を記念し、かの時を再現します。

戦闘も多くは神話的対立の衝突をなぞっています。また、王が一つ一つの仕草をするのは、聖なる時に神話的な王がなしたことを、繰り返していることを意味します。

都市建設も薬草の効能も、かの時に神や英雄が成したことに由来しています。儀礼的浪費であるポトラッチ[*]のしきたりは、アメリカの北西部の先住民にみられますが、これも神話時代に祖先たちがなした行為を繰り返しています。

飛び抜けた人は細部を忘れられ神話パターンに組み入れられる

原古的な思考法では、物事や行いは、祖型をなぞるか、反復することで確実となります。存在感は、型を踏襲し、分け持つことで得られます。モデルを欠くものは、無意味であり、所在ないものであります。原古社会には、一種のプラトンのイデア論的なものが認められます。また、儀礼は、かの初めの時の再現であり、神話的な時間のなかで演じられます。このようなかの時の真似を通じて、人は祖型が初めて演じられた神話時代へ引き戻されます。ここには、俗的な時間の流れの無化がみられます。部

＊ポトラッチ
ポトラッチは太平洋岸西北部先住民族の重要な固有文化で、裕福な家族や部族の指導者が家に客を迎えて舞踊や歌唱が付随した祝宴でもてなし、富を再配分するのが目的とされる。

◎カラム族の酋長チェツェモカにより米国ワシントン州ポートタウンゼントで催されたポトラッチ。酋長の妻の一人がポトラッチを分配している。

族社会の人々は俗的な歴史を扱うのを不得手としています。

原古的社会は歴史に背を向けて神話の型へ事をまとめる

英雄の蛇退治の神話は各地にありますが、この言い伝えが生きているところでは、君主たちは、自分を太古の英雄の偉業をなぞる者と考えます。ペルシアのダレイオス王は、自らを蛇退治の英雄になぞらえていました。エジプトのファラオは竜退治の神と同一視されています。ヘブライ人は異邦の王たちを、神話的な竜とみなしました。ロドス島の騎士団長ゴゾン*も、竜退治の偉業で聖ゲオルギウスに等しい者とみなされています。ゴゾンに実際の竜退治の記録はなく、英雄であるために、後世になって神話の偉業を負わされたのです。歴史的人物は、英雄などの神話的なモデルに同化され、事件は神話の偉業に当てはめられます。民間の記憶は、歴史的人物を神話的偉業の模倣者に仕立てます。民間の記憶は英雄の歴史的要素を切り捨て、神話的祖先へと昇格させます。多くの歴史的事実は時とともに忘れ去られ、神話化された人物像が残ります。歴史的事実の一回性は、人類の最近の発見です。原古的な人々は、歴史の新しい要素、出来事の一回性に対して、自己防衛ないし反抗してきました。

＊ゴゾン
デュードネ・ド・ゴゾンは、フランク王国ランドック出身の十四世紀のロドス騎士団の総長。

◎時間の更新

正月や年の節目は災厄を祓い清めてかの時へ帰る

正月に大盤振舞いが許されることは、多くの文化に共通しています。人は正月のたびに新たに生き直します。大事なことは、各地に一定の時間の始めと終わりの考えがあり、「生きた宇宙」のリズムの観察と、季節の節目による清めと命の更新の考えがあるということです。季節的な時間の更新は、天地創造の業を新たに反復する意味があります。季節の節目を、悪魔、病気、罪の年ごとの祓い清めと、新年に先立ち、元日に続く、日々の儀礼に分けて考えることができます。

厄を祓うために、動物や、社会の身代わりの人物を追放するということが、時折行われます。季節の節目に二組に分かれた人々の儀礼的な戦いが演じられ、祖先や精霊の仮面をつけた異形の者の行列が行われたりします。死者の霊を迎え入れ、もてなしたあと送り返す行事がみられます。明らかに、季節の節目の厄祓いで、人は神話的で純粋な初めの時、天地創造の瞬間を再現しようとします。

盆や正月など、季節の節目は、時間の始まりの再現であり、雑事から秩序へ移る、神話的な瞬間の繰り返しであります。大洪水によるご破算が、正月行事に頻繁に現れます。新年の復活祭は、原始キリスト教では洗礼の日です。洗礼は、死と復活を表します。世界規模の洗礼に当たるのが、洪水です。ユダヤ暦の新年の祭りは、贖罪の山羊による清めと、ヤハウェによる宇宙創造の業を反復して、世界とその生命の更新を祈念します。

◎聖ゲオルギウスの竜退治。カルパッチョ画、聖ゲオルギウス寺院、ベネチア。

冬祭り世の始まりを再現し魂鎮めして来る年を待つ

宇宙創造の反復は、死者に命を再び与え、信徒に肉体復活の希望を示します。死者が冬至の頃家族のところへ帰ってくるという信仰は、過去を無化し、世界が更新されることへの希望に基づいています。春分に種をまく慣習は自然と人間の周期的な蘇りと結びついています。けれども古くは、周期的再生は月の神秘とかかわっていました。

日本の民族学者、岡正雄氏の説を用いて、オーストリアの民族学者スラーヴィク*は、日本の「タマ（魂）」信仰と正月の関係を論じています。タマは冬が春に移り行く時動きやすくなり、肉体から離れようとするので、年末年始の行事の目的の一つは、タマが肉体を見放さないように固定することにあります。タマの揺らぎは年ごとの乗り越えによって、古い時間を手放し、時を更新させます。

一九世紀末に北アメリカの先住民に流行したゴースト・ダンス信仰も、世界の終末と楽園の到来の予感に支えられています。神を踊りで揺さぶることで、この世の終わりを促し、死者がやって来て、混乱ののちに神話的な楽園時代が始まる、という考えによる流行でありました。

***アレクサンダー・スラーヴィク**（一九〇〇―一九九七年）オーストリアの民族学者。第二次大戦中、日本文化に近づき、日本の民間信仰を研究した。

信仰の罪告白の始まりは穢れを祓い忘れる呪術

天地創造を正月に再現することで、そこから自分たちの線的な歴史が始まったと考える民族は、歴代の指導者が利用するために、歴史の祖型を書き残したようにみえます。逆に、歴史の流れを考えずに、楽園の周期的再現をすることで足りている原始文化の人々は、悪の追放と罪の告白で、自分たちの生を更新しようとします。このことは、彼らでさえも、放っておけば楽園の状態は維持できず、日々の変化に呑み込まれてしまうという危機感を持っていたことを意味します。原始文化においても、突発的な事件や個人的な罪を思う時、人は耐えがたい痛みを感じていました。罪の告白の始まりは、穢れを祓い、過ちを消す呪術の一種でした。穢れを祓うという呪術の効果とともに、人々が期待していたのは、歴史的な罪の記憶から逃れることでした。

改めて天地を創る意味合いは町や寺院の建造にも有る

宇宙創造のわざを繰り返すことで、歴史を作る人々が、集団的な再生を得ることは意義深く思えます。イスラエルの民とは異なり、インド人には歴史を更新するという意識が薄いと言えます。歴史を好むローマ人が、「ローマの終わり」の強迫観念に駆られて、歴史の革新を幾度も試みた例もあります。とはいえ、総じて伝承社会が、時間の再生に心を砕いていたことは疑いようがありません。

年の節目の時間の再生と同じく、寺や町や家の建造儀礼も、宇宙創造の業の反復であると言えます。インドのバラモン教では創造神プラジャーパティ*を宥《なだ》めるために、供犠を行って、定期的に神話的な初めの時を取り戻します。神話的な瞬間を、今ここの瞬間に引き寄せて、俗的な時間を無化して、この世の更新を祈念する意図が、ここにもあります。祭壇を設けて供犠を行うことで、創造神が再生し、年が新たになりま

＊プラジャーパティ
ヒラニア・ガルバ（黄金の胎児）から出現したとされる、インドの創造神。

す。

イギリスの人類学者ホカートは『王権』のなかで、王の即位式が民間人の人生の節目の通過儀礼とよく似ていることを、指摘しました。また、フィジー人では首長の即位式が、世界の創造、大地の創造と呼ばれていると記しました。スカンジナヴィア人にとって、土地を得ることは天地創造の繰り返しとみなされました。これらの節目は、過ぎゆく時間を無化して、始まりの時に回帰し、天地創造を繰り返して歴史の進行を食い止めるものでした。

呪医たちは通過儀礼でかの時の創造神話を読んで聞かせる

命は回復できませんが、宇宙創造の繰り返しによって再創造されるという考えは、医療呪術によく見て取れます。インドの古い部族では、肉体の健康と、精神の回復は、生命再建のモデルである宇宙創造を通して期待することができると考えられています。これらの部族では、天地創造の神話が、誕生、結婚、葬儀の際も読誦《どくじゅ》されます。というのも、人生の移行が無事成し遂げられるには、太古の瞬間がもつ完全性に立ち返ることが必要とされているからです。宇宙創造神話は、ポリネシア人には、受胎、癒し、死に際して、祖型的モデルの役割を果たしています。ナヴァホ族の呪医が学ぶ砂絵の描き方には、天地創造と神々、祖先、人類の神話時代の成り行きが示されています。神話を聞き、砂絵を見つめることで、患者はこの世の始めの時に戻り、宇宙創造に立ち会います。そして彼は、人生を再び開始するのです。

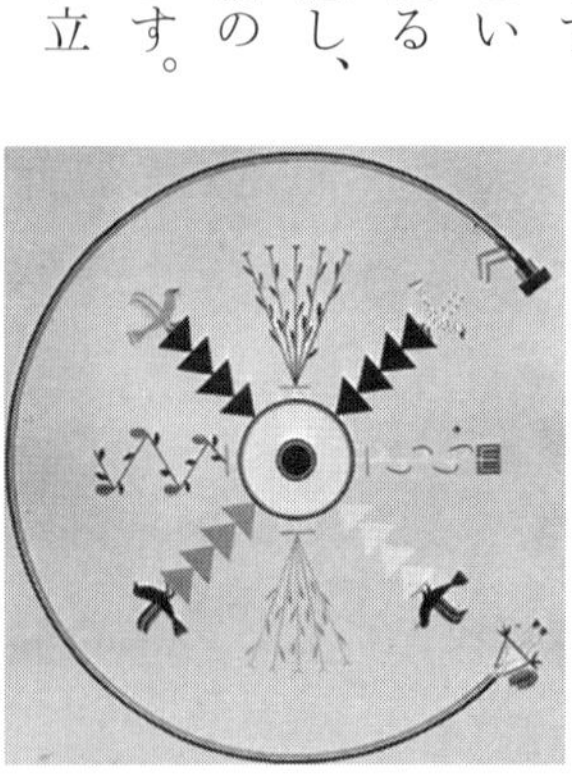

◎ナヴァホ族の創成神話を描く砂絵。最初の人類は四つの母胎＝部屋を通過して地上に出現したことを伝える。儀礼は創造の過程を再現することにより豊作や狩猟の成功を確保するために行われる。ナヴァホ族儀礼芸術博物館、アメリカ、ニューメキシコ州。

移り行く歴史を拒み楽園を繰り返すのを切に求める

このように、原古社会では、時間の無化を通して自らを周期的に再生しようとします。再生儀礼は、祖型的な行為、天地創造の業の繰り返しによって、世界と自分を更新します。

出来事の宇宙的な繰り返しは、以前に有ったものの定期的な再現であると言えます。過去に起きたことは、未来も永遠に反復されます。どんな出来事も、原始の祖型を踏襲しています。

多くの民族の神話は、人がまだ死も苦しみも知らず、自然の中に十分な食べ物を見出せた遠い楽園時代を示しています。始まりの時には、神は自由に人と交わり、人は簡単に天に昇ることができました。儀礼の段取りの失敗の結果、天地の交流は途絶え、神々は天上界に隠れ住みました。それ以来、人は食べるために働く定めとなり、不死ではなくなりました。

移り変わる歴史を拒む気持ちと、祖型の無限の繰り返しに留まろうとする世界観は、失楽園である俗世へのあきらめの表現であり、本来的な自分を失うことへの怖れから説明できます。原古的な社会では、俗的なものは、ほんとうは無に等しく、意味を持たないのです。人々の働きかけは神話的な聖なる時を回復する努力に向けられています。

◎不幸と歴史

太古から例外的な災難に宗教的な訳を求める

原古社会の人々は、歴史を神話的パターンの再生として捉え、俗なる歴史の流れに対処するのを苦手としてきました。彼らがどうやって歴史的事件に耐え、災難や不運や苦悩を意味づけてきたかを知るのは重要です。

歴史的に降りかかる苦悩の対処法を知れば、太古社会の人々がそれをどう受け止めたかがわかります。彼らは呪術師のところへ駆け込み、天の神に、災難を容赦してくれるように頼みます。彼らはいわれのない苦悩を考えることができません。彼らにとって災難とは個人的な過ちから来るか、隣人の悪意から起こるものなのです。何より苦しみは神の意志に基づきます。都市の略奪や疫病や地震は、呪力の不足や神の怒りによって説明され、ようやく耐え忍ぶことができます。神の死と復活の神話は、人の不幸のモデルとなり、正しき者の苦悩を正当化します。

ヘブライの一神教は災難を救いの道の途上と受け取る

ヘブライ人の場合、苦しみを、無益ではなく、事件を通じてヤハウェの意志を感じるきっかけと見なしました。預言者たちはヤハウェの意志に反する災厄の恐怖を繰り返し訴えました。ヘブライ人に至って、歴史的出来事が、神の意志で決められる限り、それ自体が価値を持つという考え、いわば歴史の受容が、認められるようになったのです。

聖なる神話的な時空が繰り返されるという太古的な歴史観とまったく異なった歴史観を、一神教の啓示は作り出します。一神教的な啓示は時間のなかで起こります。それは、もはや逆行できない歴史的事件であるため、重視されます。イエスは王の受難と再生という神話的パターンを一回きりのものと区切り、王の勝利を終末の時に先送りします。歴史は周期的に繰り返されるものでなくなり、一回限りの救済に必要な事件として受容されます。救済論では、歴史は終末の一里塚であるために耐え忍ばれます。いつの日か歴史が終わると信じるがゆえに、耐えることができるのです。ユダヤ・キリスト教では、歴史は未来の救済の時に撤廃されます。その意味に限って言えば、ヘブライ思想も原古社会と同じように、非・歴史的な態度とみることができます。

降りかかる偶発的な災厄を古い社会は受容できない

伝承文化をもつ人々は、歴史的事件にそれ自体の価値を認めませんでした。それに対して近代以降の歴史主義においては、歴史は常に過去を乗り越えて前進するものと考えます。民間信仰では、ヨーロッパでも、歴史は同じパターンを繰り返すという考えを踏襲していました。歴史に介入する出来事は、聖書の中の出来事の再来として、神話的に取り込まれていました。基本的にキリスト教の歴史観は、最後に終末による救いがあることで成り立つ線的な時間でした。歴史的事実をありのままに認めようとする歴史主義は、降りかかる個々の事件の恐ろしさを、もはやなだめてはくれません。そうなると、どうやって人は歴史の災厄に、集団虐殺から原子爆弾まで含む不幸に耐えることができるのでしょうか。

線的な時間は前へと突き進むキリスト教の産んだ進歩史

近代人は、歴史は繰り返すという祖型反復の考えを捨てることで、自然の支配に逆らう、歴史的人間としての意志を示していると言えます。近代の歴史主義は、祖型反復を生きる太古的な人々に、新奇な事件の脅威を受け入れる余地がない点を指摘することができます。けれども、やはり、歴史主義的な見方は、人を歴史の厄災から守ってはくれません。もとを正せば、キリスト教は、歴史主義の個人的自由と前進する時間を発見した人間の宗教だと言えます。そこに神の意図を見るしか、歴史の厄災からの癒しは見出せません。歴史の進歩を認めて、祖型反復の放棄に踏み切ったという意味で、キリスト教こそは、歴史主義を生きる現代人の核を作った宗教だと言えます。

◎直線的な歴史的時間を表す人類の進化図。

『シャーマニズム』

◎シャーマンの定義・特徴と成りかた

エリアーデの代表作の一つ、『シャーマニズム』は、この分野の先駆的な著作です。この大著の主旨をできるだけかみ砕いてわかりやすく書くことにします。

シベリアのトゥングース語のシャーマンは呪師を表わす人類の古層

シャーマニズムとは、宗教以前の宗教であり、あらゆる文化の古い部分の核となっている、文化の原点だと思われます。シャーマニズムをよく知ることで、人が聖なるものとどう関わってきたかを考える鍵を手に入れることができます。

まず、シャーマンの定義や特徴から見て行きます。「シャーマン」ということばは、中国東北部やシベリア、サハリンなどに住んでいたトゥングース族のことば、トゥングース語で「呪術師」を指しています。仏教の修行者のことを沙門と呼びますが、この語はシャーマンから来ているという説もあります。

宗教学でシャーマニズムやシャーマンというものが初めに見出されたのは、シベリアであり、また中央アジアです。ですからこのエリアーデの本も、シベリアと中央アジアを中心に、シャーマニズムを論じています。

シャーマンの力は夢見の技を得て異界へ移る恍惚の術

エリアーデは、シャーマニズムとは何かといえば、エクスタシーの技術であると言っています。夢を見たり、トランス状態になって幻覚を見たり、神がかりになったりするのは、一言でいえば、エクスタシーの技術だということです。

それからシャーマンの特徴を挙げて行くと、精霊と付き合い、精霊から知識を得る、というのもあります。また、火を扱う技術を持っていること、あるいは幻覚や夢のなかで空を飛ぶ技術を持っているのも、シャーマンの特徴です。トランス状態を通して、人々の病を治し、死者の魂をあの世へ導き、天上や地の底の神々と人々との仲立ちをすることも、シャーマンの特徴です。

では、シャーマンと言われる人々は、どうやってシャーマンとしての能力を得るのかを見て行きます。中央アジアなどの場合、年老いたシャーマンが死んでしまったとか、引退してしまった時、その子どもや孫が後を継ぐ例と、神や精霊が夢や占いで跡継ぎを選び出す例、それに加えてシャーマンになりたい者が自分で名乗り出る例があ

◎シベリア、ウゴル族のシャーマンを描いた銅版画。太鼓を持ち、身体に動物の死骸や羽などさまざまなものをぶら下げている。『ロシアの慣習と衣装』（一九世紀）。『イメージの博物誌』「シャーマン」（平凡社、一九九二年）より。

ります。けれども自分で名乗り出たシャーマンは力が弱いとされます。

呪師に成る教えを受けて魂を遠くに飛ばす術を覚える

そのようにして、一旦選ばれても、教育を受けなければ、一人前のシャーマンとして認められません。それは第一に夢やトランスなどのエクスタシーを操る技術の教育です。それから、部族の神話や祖先の系譜を教わったり、精霊たちの名前と役割を教わったり、シャーマンだけが知っている、秘密のことばを教わり、シャーマンとしての教育を与えられます。それらを教えるのは、引退した年老いたシャーマンの時もあり、夢や幻覚に出てくる精霊の時もあります。

多くの場合、シャーマンの夢や幻覚は単なる個人的な妄想ではなく、その文化に代々受け継がれてきた伝統に沿った内容を持っています。

加えて、シャーマンになる人は、特定の苦行と教育を経験するように求められます。この苦行と教育に耐えられない人は、脱落し、シャーマン失格となります。

シベリアの場合、シャーマニズムは多くは世襲制です。けれどもシャーマンになる子どもは、思春期から特異な性格が認められます。早くから神経質となり、気を失って倒れたりしますが、この発作は神々との出遭いだと考えられています。

部族によっては、シャーマンの資格は天からの賜りものであり、生まれながらに持っている素質で決まります。世襲の場合でも、素質を認められて決まる場合でも、シャーマンの資格は、神々や精霊から授かったと多くは考えられます。神や精霊が夢や幻に現れて教育するという文化があります。

寝て歌い森を一人でさ迷って兆しが出ると呪師に弟子入り

シャーマンの資格が世襲制の場合、シャーマンが死ぬ時、その息子は父の手形をかたどった木彫りの像を作って、このシンボルを通して、父の呪力を受け継いだものとされます。けれども、単にシャーマンの息子というだけでは十分ではなく、息子は精霊によって認められなければなりません。部族によっては、袋に包まれて生まれてきた赤ん坊はシャーマンになります。思春期が近づくにつれて、この未来のシャーマンは幻を見るようになり、眠りながら歌を歌い、独りで遠くにさ迷うようになります。この時期が終わると、未来のシャーマンは年老いたシャーマンを慕って、その教えを受けようとするようになります。シベリアのヤクート人の場合、未来のシャーマンはよく興奮するようになり、それから突然、意識を失い、森や林のなかに身を隠し、木の皮を食べて暮らし、水や火のなかに飛び込み、小刀で自分の肌を傷つけたりします。そうすると、家族は年老いたシャーマンに、この子を弟子にするようにと頼み込みます。年老いたシャーマンはこの若者にいろいろな種類の精霊について教え、精霊を招く方法を教え、その助けを得る方法を教えます。

呪術師は自ら病んで立ち直り他人を治す知恵を授かる

未来のシャーマンには心の病に近い兆しがみられますが、彼は自分を治し、そのことによって病を深く知り、他人を治せるようになるとされます。シャーマンは年老いたシャーマンや夢のなかの精霊によって、病の仕組みや背景を教えてもらい、病をよく知る人となります。未来のシャーマンにとって、精神の錯乱は、木から落ちるとか蛇に咬まれることと同じく、聖なるものの近くにいる徴であり得ます。シャーマンは自分を選んだ精霊や祖先によって、生かされていると感じます。そのようなシャーマンにとって、病は精霊に選ばれた徴となっています。

◎聖なる病、エクスタシーと幻覚

全身を八つ裂きにされ魔物から知恵を授かり呪師が生まれる

人がシャーマンになるために、しばしば疑似的な死を経験しなくてはならないことになっています。未来のシャーマンは病気にかかり、普通とは違う意識状態になって、苦しみと死と復活を経験します。

このような命の危機を迎えた時に、肉体がばらばらにされ、八つ裂きにされてしまう疑似体験をして、空を飛んで神々や精霊とことばを交わし、地下へ降りて行って死んだシャーマンと話して、シャーマンとしての知恵を授かるということが行われます。

具体的には、シベリアのサモエード人のシャーマンは、次のような経験をしたと報告されています。

「熱の出る病気にかかって、未来のシャーマンの私は三日間、無意識状態にありました。ほとんど死にそうだったので、三日目には埋葬されそうだった程でした。無意識状態の時、私は海の真中に運ばれました。そこで病の神の声を聞きました。病の神が言うには、水の主により、お前はシャーマンになることが決まったとのことでした。私はそれから山に登りました。そこで裸の女の人に会ってその胸から乳を飲ませてもらいました。この女の人は水の女王で、お前は今から私の息子である、お前はこれからいろいろとつらい目に遭い、疲れ果てるだろう、と語りました。そのあと地下の世界のあの世の主が、私の道案内のためにエゾイタチとハツカネズミを与えました。私は地下の住人たちによって心臓を取り出され、もとに戻されました。それから私は心の病の神と会い、そして悪い呪い師にも会いました。それから私は全世界を表わす、大きな木のところへ行き、木の主に太鼓を作るための枝をもらいます。それから山や洞窟を旅したあと、鍛冶屋のところへ行きました。鍛冶屋は私の頭を切り落とし、身体を切り刻み、再び縫い合わせました。鍛冶屋は秘密の文字を教え、見えないものを見る力を授け、薬草の知識を授けました。最後に山の頂に立った時、私は夢から覚めて我に返りました。」

現実離れをした幻視ですが、今、紹介した話は他のシャーマニズムにも共通する特徴を持っています。神や精霊に会い、世界の木に連れて行かれ、太鼓を作るための木の枝をもらい、魔物のような人物に病気の種類や治し方を教わって、身体をばらばらにされてから、生まれ変わる、といった特徴です。一旦ばらばらにされた内臓や目玉は、新しいものに取り替えられるといった意味合いがあります。そのようにして、普通の人間としては一遍死んで、シャーマンとして生まれ直す、という経験を彼らはすることになります。

内臓を取り替え体に岩石を埋め込まれると霊力を得る

今の話はシベリアの例ですが、シャーマンになるために、精霊や年老いたシャーマンから手術を受けて、頭や身体に岩石の結晶を埋め込まれたりするという話は、オーストラリアのアボリジニの人々にもあります。

あるアボリジニの呪術師はこう語っています。

「私が呪術師になった時は、こんな様子でした。ある日、年取った呪術師が私のところへやって来て、岩のかけらを私に投げつけました。ある石は胸に当たり、他の石は頭を貫通して、私は死にました。やがてこの老人は私の内臓を一つ一つ切り取り、一晩中、地面の上に置いたまま、その場を去りました。朝になると老人は戻って来て、私の体の各部を埋め込んで、私の頭を軽く叩きました。すると私は生き返って飛び上がりました。老人は私に水を飲ませ、岩石の粉の入った肉を食べさせました。やがて私は目を覚ましましたが、自分が誰だったか、過去の生活はどのようだったかをすべて忘れてしまっていました。しばらく経ったあと、老人は私を村に連れ戻し、私の家族を私に紹介しました。このような事件のあと人々は私をシャーマンだと認めました。」

今みたように、シベリアの場合とオーストラリアのアボリジニの場合とは、極めて体験談がよく似ています。どちらの場合でも、候補者には神や先祖や老人による手術が行われ、肉体はばらばらにされ、内臓や肉が新しいものと取り替えられる疑似体験をします。ただし、聖なる石を体に埋め込むことが、アボリジニの場合には行われますが、シベリアにはその習慣が見られません。けれども岩石の結晶を頭に埋め込んで、聖なる力を与えることは、南米のインディオの間でも行われています。

熊の手で食い殺されて蘇り内なる光を呪師は授かる

アマサリク・エスキモー（イヌイット）の場合、弟子は自分でアンガコックと呼ばれるシャーマンのところへ行くのではなく、シャーマン自身が弟子の候補者を幼いうちから選びます。六才から八才の少年たちから未来のシャーマンが選ばれます。夢見がちで勘が強く幻を見る子どもが選ばれて、村から離れた山や湖のほとりでシャーマンになるための教育が行われます。まず熊がやって来て少年を食い殺し、骸骨にしてしまう疑似体験が行われます。けれども死んだあとで少年は自分の肉を取り戻し、我に返ります。

エスキモー（イヌイット）のシャーマンは一旦死んだ弟子の体のなかに、聖なる光を灯します。この聖なる光はシャーマンの霊感のもとであり、弟子は今や目を閉じても物が見え、未来の出来事を知ることができるようになると信じられています。またエスキモー（イヌイット）の未来のシャーマンは、自分の体が骸骨になった様子を瞑想するように教えられます。このようなイメージは普通の人間の状態を越えて生まれ変わることを意味しています。

◎シャーマン能力の獲得

次に、シャーマンが霊的な力を得るのを助ける、神秘的な霊とはどのようなものかを見て行きます。

天上の守護霊をその妻として強い呪力としもべを授かる

シベリアのゴルディ人のシャーマンは、次のように語っています。

「私が眠っていた時、一人の精霊が近づいてきた。それは美しい女性だった。その女の精霊が言うには、自分はお前の祖先のシャーマンたちの守護霊である。私は彼らにトランスに入る術を教えた。今、私はお前を教育しようとしているのだ。年老いたシャーマンたちは死んでしまい、人々を治す者は居ない。お前はシャーマンにならねばならぬ。お前は私の夫となるのだ。私はお前にしもべを与えよう。お前はその助けで人々を癒さなくてはならない。私に従わないなら、お前は死ぬしかない、と女の精霊は言った。それ以来、この女はずっと自分のところへ通い続けた。彼女は私を背中に乗せて空を飛び、数々の不思議な国を見せてくれたし、力を授けてくれた。彼女は私に三人のしもべ、豹と熊と虎を与えてくれた。私が神がかりになって呼べば、三人のしもべは現れる。」

天上界に妻を持っているという経験談は、シャーマンが半分神のような者であることの証しとされます。神話のなかで英雄が困った時に、英雄に手助けをして宝物を手に入れる方法を教えるのが、女神や妖精です。このような神話は、シャーマンの守護霊との結婚という体験の一種かもしれません。

シャーマンはこのような天上の妻に助けられる一方で、足を引っ張られることもあります。彼女はシャーマンを助けるけれども、自分のために低い世界に留めておこうとするので、シャーマンがより高い世界へ上がっていくのに反対をします。この、シャーマンを助ける妻は、必ずしもシャーマニズムになくてはならない要素ではありません。女の精霊が居なくても、シャーマニズムは成り立っています。けれども人は狩人に獲物を与える獣たちの女主人と、この天上の妻とが似ていることに気づきます。天上の妻や女の守護霊は、古い時代の女神信仰の名残りを留めていると考えられます。あるいは死者の霊が取りついたり、夢のなかに現れて、シャーマンになるように命じたり、精霊との間を取り持つことがあります。けれども一般に、シャーマンに決定的な能力を与えるのは精霊や神々であり、死者の霊はそれを手助けするのが通例です。

精霊や死霊を起きて見ることで呪術師はその霊力を示す

精霊や死者の霊を見ることはシャーマンの力を得た一つの重要な徴だと考えられて

います。夢を見るよりも、目覚めた状態で幻を見るほうが霊的な力が強いとされます。オーストラリアのアボリジニのシャーマンは、若いシャーマンにこう語っています。

「お前が幻を見ようと身を横たえて、その幻を見る時驚いてはいけない。その幻は恐ろしいものだから。そのある者は悪い霊であり、別の者は人の頭を持つ馬であり、ある者は燃える火に似た精霊である。また村が焼け、血の川が流れ、稲妻が光り、大地が揺れ、世界は回り出す。お前は、こちらに歩いて来る死者の霊を見る。全てが終わると、お前の霊力は強くなっている。」

シャーマンはしばしば弟子が精霊を見るように、薬草を塗ったり、歌を歌わせたりします。精霊を見ることは、心の眼が開かれることであり、シャーマンになった瞬間の幻覚体験を日常化することであります。

あるいはまた、シャーマンのしもべも、シャーマニズムで大きな役割を果たします。熊、狼、鹿、兎、鷲、鴉、フクロウなどです。

異界へと旅する時に呪術師は動物をまね手助けを得る

このような動物の形をしたしもべは、シャーマンが天の世界や地下の世界へと旅する時に、重要な役割を帯びます。そうした霊が現れたことは、シャーマンが動物の鳴きまねをしたり、仕草を真似たりするのですぐわかります。蛇のしもべを持つ者は蛇を真似し、エスキモー（イヌイット）のシャーマンはトランスの時に狼や熊の真似をします。トランスの時に動物の真似をするのは、しもべの霊が乗り移ったことを示しています。その時、実際にシャーマンがその動物に変身したと考えられることも多くあります。

動物と深く交わるお話は異界へ移る経験を映す

昔から動物は別の世界へ魂を導くと考えられてきました。神話や伝説のなかの動物の役割は、シャーマニズムとの繋がりでとらえ直すことができます。シャーマンはトランスの時に守護霊や動物霊の助けを借りて、疑似的に死んで、別の世界へ行って帰ってくるということをします。これがお伽話に反映されているというのは、あり得ることです。

シャーマンになる者は、トランスや神がかりになる時に、精霊や動物霊と交流するための秘密のことばを学ばなくてはいけません。シャーマンは、この秘密のことばを年長者のシャーマンか、精霊たちに直接に教えてもらうことになります。これは動物のことばであったり、自分だけの歌だったりします。

◎シャーマニズムと宇宙論

呪術師は中心軸を行き来して天上界や冥界に至る

シャーマンの持つ最高の能力の一つはトランスの時に、ある世界から別の世界へ飛び移るという能力です。シャーマンは、この世から天上の世界へ、あるいはこの世から地下の世界へ移動することができます。そうしたシャーマンにとって、宇宙とはどのような仕方で成り立っているのかを見て行きます。

多くの地方のシャーマンにとって、宇宙には中心軸があり、この中心軸を真中にして、天上界、地上界、地下の世界があると考えられています。

シャーマンはこの中心軸を昇ったり降りたりすることで、あるいは中心軸のなかを移動することで、三つの世界を行ったり来たりします。

宇宙には天の柱が立っていて人の家にも似た物がある

呪術師は儀礼の時に木を立ててそれを昇って天界へ行く

世界各地の多くの人々にとって、世界の中心には北極星を頂点とした天の柱が立っていると考えられています。人々は、そのような宇宙観に基づいて自分の家の中心にも柱を立てて、それをある種の聖なるものと考えて暮らしています。動物を犠牲にする儀式や祈りの儀式が、そのような家の中心にある柱の下で行われます。

世界の多くの神話で、始まりの頃の人間は、簡単に天の上に昇って神々と親しく交わっていたと考えられています。時代が経つと人間と神々の親しい交わりは断絶してしまい、シャーマンという一部の選ばれた人間だけが、天に昇って神々と付き合うことができると信じられています。シャーマンは世界の中心軸を通って空を飛び、天の上にたどり着くことができます。トランスの時の恍惚を伴う心の旅で、天界へ昇ってきたと考えられます。ですからシャーマンになる時の参入儀礼や、病気治しの儀礼の時に、世界の中心軸にある柱を立てて、昇ったり降りたりするといったことが行われます（44頁の写真「樹に登る女性のシャーマン」参照）。

呪術師は夢まぼろしで疑似的に宇宙の山を昇り降りする

天と地を結ぶシンボルとしては、このような天の柱の他に宇宙山と言われるものがあります。世界の中心に宇宙山があり、シャーマンはこの山を登っていくことで、天界に着くと考えられます。しばしば人は、実際に自分たちの土地にある山を、この宇宙山になぞらえて、そこを世界の中心に見立てます。あるいは寺院や神殿をこの宇宙山に見立てて、そこを中心に暮らします。初期のキリスト教徒にとって、イエスが十字架刑に処されたゴルゴダの丘は、世界の中心であり、宇宙山の頂点とみなされました。未来のシャーマンが、通過儀礼的な意味を持つ夢や幻で登るのが、このような宇宙山です。一人前のシャーマンになってから、トランスの時に訪れるのも多くはこの宇宙山です。

世界の中心軸のシンボルとしては、この他に宇宙木があります。世界の中心に生えているとされる、宇宙木ないし世界の木は、シャーマンにはなくてはならないものです。この木から、シャーマンは、自分をトランスに導く太鼓を作ります。

あるいはシャーマンは儀式の時に木を立ててこの木を登ることで天の世界に昇ったとされます。

この宇宙木の枝は天の上まで届き、木の根は地下の世界に達していると信じられています。

この宇宙木は世界に宿る生命力を表し、聖なるものの宿り木としての役割を持ち、世界の中心軸のイメージを生きたものとして具体化しています。実り豊かな命を表わす宇宙木は、自らも生き、他の生き物にも命を与える聖なるものとされています。

シベリアの人々にとって生まれる前の子どもの魂は、この宇宙木の枝に小鳥のようにとまっていて、シャーマンがトランスの時にその魂を迎えに行くと考えられています。場所によっては、宇宙木は一〇〇万の葉を持っていて、その一枚一枚に人間の運命が書き込まれていて、人が死ぬたびに葉が一枚落ちると考えられています。シャーマンもまた、宇宙木の頂点にたどり着いた時、人々の運命を見渡せると言われています。

自らをハヤブサなどになぞらえて意識を飛ばす能力を誇る

それから、シベリアやイヌイットの地や北アメリカでは、シャーマンは空を飛ぶとされています。シャーマンは好んでハヤブサなどに変身します。これは、実際にはハヤブサになったような意識状態で、いろいろな世界を見ることができるという意味です。シャーマンは衣装に好んで鳥の羽根のイメージを取り入れますが、これも自分た

◎イヌイット・エスキモーのシャーマニズムを表す石版画。鳥による天界への誘拐を描く。大いなる高みへと昇るワシは世界を克服し、〈起源〉の場へ参入する。『イメージの博物誌』「シャーマニズム」(平凡社、一九九二年)より。

ちのトランスを鳥の飛行のイメージで捉えていることの現れです。シャーマンは、鳥になって死者の魂をあの世に連れて行く役割を持っています。あるいは、木や柱や梯子に登ってトランスの時に両手を広げて、ハヤブサになった意識状態を表現したりします。このように、空を飛んで鳥になる行為は、シャーマンが人間の肉体を離れて、死んだ時と同じように魂を飛ばす力を持っていることを示しています。始まりの頃の人間のように、自由に天の世界へ移動する技術をシャーマンだけが保っています。シャーマンが鳥に変身する行為は、彼が精霊の状態に移行する意味合いもあります。枝にとまっている鳥のマークは、トランス能力を持つシャーマンの象徴として使われます。シャーマン以外の人間は、死ぬ時になって初めて神話的な世界へ戻ることができるのですが、シャーマンだけは恍惚とトランスの力によって、自由に、神話的な始まりの時へと繰り返し行き来することができるのです。

第三章　宗教学の帰結

◎参入儀礼の定義

古くから参入儀礼を経ることで過去の自分と別人になる

原古的な社会では、参入儀礼＝イニシエーションの知識と技術に何より重きを置いています。広い意味での参入儀礼は、ひとつの儀礼と口伝えの教えを指していて、その目的は加入する人の宗教・社会的な地位を決定的に変えてしまうことです。修業者は、参入儀礼以前に持っていたのと別格なものを与えられます。厳しい試練を乗り越えて、参入者は以前とは別人になります。

参入儀礼のなかで、成人式はとりわけ重視されていました。この通過儀礼は部族の全少年に義務づけられています。大人の仲間入りを許されるために、少年は一連の苦行を通過しなくてはいけませんでした。参入儀礼は志願者を社会、すなわち精神的で文化的な価値の世界に招き入れます。参入者は、大人の振る舞いや技術やしきたりに加えて、神話と伝承、神々の名やはたらきについての物語を学びます。部族と神や精霊や祖先との間に始まりの時に結ばれた、秘密の関係を教えられるのです。

始まりの時代に起きた出来事を参入礼で告げ知らされる

どんな原古社会も一貫した、神話的な世界観を持っています。参入儀礼で修練者に知らされるのは、その社会の古来の世界観です。この世は神の作りなした神わざで、その造り自体が聖なるものです。人はそこで生きる準備をします。その始まり方や現在のあり方を知ることで、聖なる宇宙に生きる心構えを学ぶのです。神々による天地創造、万物の出現、文化を伝える英雄や祖先の偉業や活躍と別世界へ帰って行く話、といった始まりの時の言い伝えを教えられます。

この聖なる縁起譚の神話は生きるモデルであり、手本でもあります。事物の起源だけでなく、人の振る舞いや習慣の根幹になるものです。人が人であるのは始まりの時のできごとを受け継いでいるからです。近代人が原始から古代、中世、近世、近代という線的な歴史の上に生きていると自認するように、部族社会の人々は、自分は始まりの時に起こった出来事の糸の帰結を生きているとみなします。近代人が歴史の進歩の歩みの途上にいると信じているのに対して、伝承文化の人間は、何らかの意味あるものはすべて、神話的な「かの時」に起こったと考えます。

けれども完全に閉ざされた原古社会というものはあり得ません。どんな社会も、外界から渡来する文化を取り入れていることは疑えません。原古社会の人々は、外界がもたらした社会の改良を、神の恵みのひとつと考えて取り込んできました。これらの改良は、祖先たちが神から力を授かったおかげで新しく付け加えられた、と納得しました。原古社会はその改良を、歴史の進歩というよりも祖型の反復と見なして生きてきたのです。

新入りは厳しい壁を与えられ白紙になってまた生き直す

参入者はこの祖型の知識を学ぶのです。参入式では、厳しい試練を通過することで聖なるものと出遭うのです。参入儀礼の試練の大部分は、儀礼的な死と再生を意味します。疑似的な死を経て、参入者は新しい別人として生まれ変わります。参入式での死は、幼年期の無知と俗界の終わりを意味します。

太古的な考え方では、ある時期の終わりを示すのに、死にまさるものはありません。それは、あらゆる再出発、家や寺の建立、町作り、新婚を表わすのに、天地創造が繰り返し再現されるのと等しい発想です。

天地創造を反復するには、一時的に混乱状態に逆戻りすることを経る必要があります。新たに作り直すためには、古い世界が滅ぼされる必要があります。年の初めの儀礼には、穢れを祓い清め、乱痴気騒ぎを行い、吉凶を占うという、混乱期を経ることが付き物です。参入儀礼でも、死は新しい人格が書き込まれるために白紙に戻ることを意味します。人の世の文化は、参入儀礼を経たものだけが近づきえます。真の人間

◎若者宿。未婚の若者が親の家を出て、若者宿に寝起きする習俗があった。参入儀礼の一種である。高床式の住居。高知県宿毛市。撮影＝須藤功。『日本民俗文化大系12』「現代と民俗」（小学館、一九八六年）より。

になるためには、ある種の死と再生が必要とされるのです。

新入りは参入式で一度死に聖なる時を学び世に出る

参入式で疑似的に死ぬことは、人が精神生活を始めるのに、欠かせないものでした。それは、より高い次元での誕生を意味しました。参入式での死は、暗黒、夜、大地の母胎、小屋、怪物の腹で象徴されます。こうしたものに帰るのは、死滅ではなく、生き物が形を成す前の状態、物事が立ち現れる前の状態の混乱へ呑み込まれることを暗示します。儀礼的な死のイメージは、発芽状態や母胎回帰と結びついています。それは、誕生を待つ命を意味します。

いにしえの人々にとっては、人は年長者や師によって作られるものです。師匠は始まりの時に、神や祖先や精霊に教えられた知恵を儀礼で用います。師匠や年長者は、神や祖先や精霊の化身とみなされます。参入礼で生まれ直すことは、神話的な歴史を生き直すことです。神話を知ることは、かの時に神々や文化英雄が劇的な行動で何をなしたかを知ることです。神々の世は最初の木や動物が現れた世界、神々や英雄がのちのモデルとなる行為を示して見せた世界です。参入者は部族の神話伝承を教わりますが、それはこの世と人の聖なる始まりの時を教えられることです。厳しい試練と伝承によって、参入者は精神的価値を受け取り、次代に伝える役目を担うことになります。

◎原古社会の宗教的参入儀礼

参入は成人になり呪師になり結社に入る時に行う

文化人類学や社会学とは異なり、宗教学者は参入儀礼の宗教体験を理解し、その神話と儀礼に現れる一連のシンボルの深い意味を説明しようとします。エリアーデの願いは、参入体験で宗教的な人の人生での劇的な変化に立ち入ることで、現代人にこの原体験を理解させることです。

参入儀礼は三つの型に分けられます。一つ目は少年から大人へ移行させることで、いわゆる成人儀礼としてその社会の全員が経るものです。二つ目はその社会の秘密結社に加入するための秘儀であり、三つ目は呪医や呪師になるための神の呼びかけに応える通過儀礼です。

参入儀礼は個人の全生活にかかわる経験であり、人が成熟して神とのかかわりに開かれた者となるのは、この参入儀礼を通してであって、参入儀礼はその社会の文化の一員として認められる手続きなのです。

成年式は聖性の教えを核としていて、この聖性とは、いわゆる宗教性だけでなく、その部族の神話・伝承の全体を学ぶことであります。成年式では人は幼児から大人の文化へ仲間入りをして、一人前の人と認められます。少年はその母から強引に引き離され、その社会の一員に加えられます。この儀礼の反復を通じて、社会全体も蘇ります。そのため参入儀礼は宗教行事のもっとも重要なもののひとつとなります。

新入りは世の始まりの夢の時ブガリのなかに引き戻される

オーストラリアの先住民の成人儀礼では古い型の参入式が行われているので、最初の具体例としてふさわしいものです。部族の首長は使者を送り出し、その使者は細い木片を紐につけて回す、うなり木（ブル・ローラー）という道具を携えて、他の部族の首長を訪れ、儀礼開催の決定を告げます。最大の注意が払われるのは、その計画を女性たちに知られないようにすることです。この儀礼は四つの段取りで行われます。

まず、参入者がこもって過ごす聖所を用意します。次に、参入者を母親や女性から引き離します。それから参入者を林や小屋へ隔離して宗教伝承を教えます。最後に、ある種の施術がおこなわれます。参入期間には、多くの厳しい試練を経て、食事の制限や数々の禁止に従います。

この成人儀礼に参加することは、この儀式・ボラが最初に行われた神話時代を再現することです。ここでの儀式は創造主たちの身振りと仕草を繰り返して、創造主たちのわざを再現して、この世を再生させることが行われます。参加者は世の始まりの時、ドリーム・タイム、すなわちブガリないしアルチェラと呼ばれる夢の時に回帰します。

◎参入の試練

参入で遠くに住まい死者となり過去の記憶をすべて忘れる

参入の際の死の儀礼は長く複雑で、時には劇的な筋書きとなります。コンゴとロアンゴ沿岸地方では、子どもたちは一〇歳から一二歳のあいだに、意識を失わせるある種の薬を飲まされて、ジャングルに入り施術を受けます。彼らは呪物小屋に葬られ、やがて眼を覚ますと過去の一切の暮らしを忘れてしまいます。ジャングルで孤立している間、彼らは白く塗られて死者と化し、盗みが許され、言い伝えを教わり、秘密のことばを習います。

その特徴は、意識の喪失、施術、埋葬と死です。また、過去を忘れ、参入者は亡霊とみなされ、知らない言語を覚えます。こうした特徴は、アフリカ、オセアニア、さらに北米先住民の多くの成人儀礼に見られます。差し当たっては、成人式が済むと過去のことを一切忘れてしまう例を検討します。

リベリアでは参入者は森の精霊に殺されると見立てられて、新しい生命を得て復活し、入れ墨を施され、新しい名前が与えられ、過去の生活をすっかり忘れてしまいます。家族や友だちの顔もわかりません。自分の以前の名前さえ憶えていません。もっとも基本的な体を洗う行為さえ、忘れたかのようです。同様に、スーダンの秘密結社への参入者は、以前話していたことばを忘れてしまいます。マクア族では参入者は村から離れた小屋で数か月を過ごし、新しい名前が与えられます。村に帰ってくると、親兄弟の顔さえ忘れています。密林に滞在することは、母親にとって息子の象徴的な死を表します。過去を忘れることは、一種の死とみなされます。あるいは赤子に帰ることを意味します。死んで赤子に帰ることは、社会全体に向かって、参入者が全く新しい人間だと宣言することになります。

パングェ族の成人儀礼では、参入礼の四日前、参入者に印がつけられます。この印は死への清めと呼ばれます。参入礼当日、吐き気を促す薬が飲まされ、嘔吐する者は死ねと叫ばれ、村中を追いかけられます。参入者は蟻の巣で一杯になった家に押し込まれ、蟻にひどく嚙まれた後、ジャングルの小屋に連行され、ひと月のあいだ人目を避けて暮らしたあと、ダンスを踊りに村に帰ることが許されますが、死者は物を食べないので、食事を人に見られることを禁じられます。

ここにいくつかの広く見られる特徴があります。死への清め、参入の責め苦、ジャングルへの隔離に象徴される死の経験、亡霊の模倣、再生の儀式と村への復帰の筋書きです。

成人儀礼の時に祖先とみなされる者が乱入する例も多く見られます。参入礼は死と復活の儀式ですが、死者がそこに帰ってくるのだから、死は決して最終的なものではないという教えも含まれています。

加入者は怪物などに呑み込まれ母胎に帰り知恵を授かる

参入の際の怖ろしい経験は、一種の試練とみなされています。多種多様な責め苦は参入者が怪物に呑み込まれ、その腹で消化されてしまうという意味合いを持ちます。なかには、ワニや鯨や大魚に似せた人形のなかに閉じ込める例もあります。成人式用の小屋は、怪物の腹だけではなく、母胎への回帰も表しています。これは、宇宙が始まる以前の闇に立ち帰る意味合いもあります。宇宙創造の時を反復すること、人の節目にそれに立ち会わせることは原古社会の特徴であります。この森の中の小屋のイメージはグリム童話のお菓子の家のように、そうした儀礼と無縁となったヨーロッパにさえ残っています。小屋は子どもが食べられ、消化される怪物の口であり、新しく生まれ直すための滋養に満ちた母胎でもあります。死者として閉じ込められることには、報酬もあります。参入者は秘密の伝承を明かされます。なぜなら、死者は生きた人以上に物事を知っているからです。

参入で選別された者が知る深い知識の位階を昇る

あらゆる型の成人儀礼は、秘密で聖なる教えを含んでいます。部族の伝承だけでなく、参入者は新しいことばを習いますが、これがのちに仲間内で使われる言語となります。

この特別な言語は、とりわけ秘密結社のなかで育まれた文化であります。加入者の社会は、さらに新たな入会儀礼や、高い段階の加入礼を持つ、閉ざされた秘密結社を成しています。

オーストラリアの先住民に限っても、成人儀礼は長い儀礼の連続となっていて、数

◎北アメリカのラコタ族の呪術医が、「大いなる精霊」への祈りを捧げ、蒸し風呂から出てくる姿。シャーマンの使命は擬死再生を通して霊力を身につけることである。『イメージの博物誌』「シャーマン」(平凡社、一九九二年)より。

年ごとに休止期間があるほどです。カラジェリ族では十年の長きにわたって次々と儀式が続けられます。部族の言い伝えを習得するには、参入者の精神的強さ、神聖さの体験、秘密の意味の理解を必要とします。

ここに秘密結社の存在理由と、呪医や呪師、その他あらゆる宗教結社の成り立ちの根幹を求めることができます。宗教と知識には段階があり、より高い、そしてさらに高い知見があります。それは万人に開かれておらず、特別の神の引き立てや、並外れた意志と知性を必要とします。自ら霊的な素質を示さなければ、この階段を上り切ることはできません。

これまで見てきたように、成人礼の目的は死の体験を経て生まれ変わることです。さらに成人礼とは神聖さ、死、男性性や女性性、そして食べ物を自給することとの教えと言えます。こうした生きるすべを学んで、初めて一人前と認められます。

夢の世で今の文化を整えた祖先が人に道を授ける

また文化人類学の資料から明らかなように、仮面によって表わされる祖先が、大きな役割を帯びています。オーストラリアで成人儀礼が呪医の先導で行われるように、ニューギニアやアフリカ、北米では仮面をつけた男が手引きします。儀礼の案内役は、祖先の代理です。成人儀礼は、宗教世界の先達の主催で行われます。参入者は古老だけでなく、呪師や先達に教えを受けます。魂を遠くへ飛ばす技術や呪医の秘伝の教え、先祖との関係が、神の求めに応じて、その道の先達から告げ知らされます。成人儀礼は、呪医や仮面結社と性質の似た物となります。

その宗教的な知見から、成人式は参入者を部族の神話的な始まりの時へ招き入れます。参入者は祖先や文化英雄の振る舞いを学びます。先人は太古の「夢の時代」に、現在の人間のあり方と、文化・習俗のすべてを打ち立てたのです。

加入者は祖先の長いさすらいと偉業の旅の反復をする

神話を知るということは、すなわち太古の祖先や英雄の冒険や偉業を知るということです。オーストラリアでは、夢の時代の祖先の長いさすらいの旅を成人儀礼で繰り返さなくてはいけません。祖先は文化の基礎を整えて、悲劇的な死を遂げ昇天しました。参入礼を通して伝えられる教えは夢の世に起きた劇的な事件や祖先の偉業を示すものとなりました。この世を今ある形に整えたのは、夢の世のドラマを生き抜いた神話的な祖先です。そのため祖先は、言い伝えを知り、参入者に伝えることができるとされているのです。

◎部族儀礼と秘密宗教

思春期を渡る少女は参入で宇宙のなかの役割を知る

男性の成人儀礼の他に、女性の成女式にも触れておく必要があります。成女式は民族学者たちには近づきにくい分野でした。それでも成女式の型について、そのおよそは知ることができます。成女式は文化の古い地域に記録されていますが、男の成人儀礼ほど広くみつかるものではなく、また発達も見せておらず、個人的儀礼の意味合いが強いという特徴があります。成女式は思春期の始まりとともに行われます。娘たちは慣れ親しんだ世界から移動させられ、隔離されます。これは男性の場合と同様です。この隔離の期間は文化によって違います。場所によって、三か月、二十か月、数年に及ぶ例もあります。娘たちは女社会の一員となるために、村の老女から、宗教的な教えを授かり、女性の聖なる意味を知ります。大人の女性に必要な、生命を守り伝えるという、月や貝殻に象徴される宇宙での役割を教わります。小屋に隔離され、タブーを守り、参入者は両性具有や中性的な者とみなされて、歌と踊りと糸紡ぎの技術を習います。少女にとって成人儀礼は、思春期に伝えられる女たちの秘密を知る意味合いがあります。

青年は大地母神とみなされて大蛇に呑まれ再生に至る

次に、オーストラリアの秘密教、クナピピ教*を見て行きます。ここには注目すべき二つの特徴があります。まず、主な儀礼は男性だけに限られますが、クナピピ教の儀礼では、女性の宗教的象徴、特に豊饒の女神、大地母神像が目立ちます。次にその加入礼の筋書きが、これまで見てきたものと違う、いくつかの見慣れない要素を持って

***クナピピ**
北部オーストラリアの先住民アボリジニが信じる母神。祖先の時代に自然の種を創造し、男と女を作った。

います。すでに成人儀礼を済ませた者だけが、クナピピ教に加入することができます。そのため、ここには成人儀礼とは別の、より高度な宗教体験と知恵を深めようとする、人々の意図が読み取れます。

クナピピ教の儀礼の目的は二つあります。若者のさらなる参入と、この世に生命力と実りの力をもたらす活力を取り戻すことです。生命力の回復は、始まりの時の神話を再現することで実現します。祖先や神々の聖なる力は、はるか昔の夢の時代に行われた偉業を反復することでもたらされます。参入者は夢の時に立ち会い、社会と宇宙は夢の時に回帰します。選ばれた者の心の完成がその社会に深い恵みをもたらすとされます。

クナピピ教の神話によると、姉妹神が北へ向けて出発します。二人の姉妹神は二重の母神です。長い旅のあと、二人は湖畔にとどまり、小屋を建て、火を焚き、ある動物を料理しようとしました。この動物は泉のなかへと逃れ、泉から怖ろしい大蛇神が現れ、姉妹神の小屋へ近づいてきました。妹は踊りながら、大蛇神の接近を食い止めます。この踊りはクナピピ教の儀礼で再現されます。結局、大蛇神は姉妹と子どもが逃げ込んでいる小屋を飲み込み、二人の姉妹と子どもを吐き出して、白蟻に咬まれて姉妹神は意識を取り戻しますが、大蛇は彼女たちを永久に呑み込んでしまいました。

この、儀礼的に呑み込まれることの意味は複雑で、参入者は二人の姉妹と同じく蛇に呑まれてしまうとされ、他方、聖地に入ることで大地母神の胎内に回帰するとみなされます。この儀礼が終わる時、大地母神は参入者を胎外へ出します。彼らは聖地を出て、日常生活に戻ります。

母神の胎内回帰が繰り返されるのは、大地母神の懐妊と出産を通して参入者が新たに再生することを表しています。

このように、大地母神の胎内に回帰すること、怪物に呑み込まれること、小屋に逃げ込むことには複雑な意味があります。まず、胎内回帰にはある種の危険が伴いますが、それは怪物の腹で消化されるイメージも重ね合わされています。

参入の母胎回帰の象徴は内奥を知り生き直す鍵

より一般的に言って、この胎内回帰の参入礼の型には、英雄が海の怪物に呑み込まれ腹を裂いて出てくるものもあります。また、呪師は脱魂の際に、大魚や鯨のお腹に入るとされています。英雄が岩の裂け目から洞窟へ降りて行くこともこの型に含まれます。参入者は、この危険な賭けによって不死性を得るのです。

胎児の状態に回帰するというテーマは、道教の体術にも見られます。新道教*で大きな意味を持つ「胎息」は、母胎のなかで呼吸するような息の仕方だとされています。道教書の一節によると、始まりに帰れば、人は老いを追い払い、胎児の状態に返ることができます。

同じモチーフは西欧の錬金術にも見られます。パラケルスス*によると、神の国に入る者はまずその体を母の胎内に入れ、そこで死ななければならない、とされます。また、太古から母胎としての洞窟の聖性が認められます。

胎内回帰による参入儀礼の目的は、参入者を胎児の状態とみなすことです。彼は、

＊新道教
中国の金・元時代に成立した道教諸派。

＊パラケルスス
（一四九三／四―一五四一年）ルネッサンス期のドイツの錬金術師、化学者、哲学者。

あふれる力を取り戻します。また彼は大地母神が象徴する宇宙の命に浸されます。そこで彼は、より高い精神状態へ至ることができます。そして人を超えた境地で生き直すことができます。

子どもは胎内回帰を含む成人儀礼で大人になります。同じ胎内回帰が、長生きや不死を得るために模倣されます。宗教的に成長するのは再度生まれることを意味します。宗教性の自覚とは生命の出現とみなされ、生命の出現は、天地創造の再現でもあります。それが参入礼の核心をなす意味です。

◎個人的加入礼と秘密結社

英雄は女神の腹や怪物に呑まれたあとで不死性を得る

神話や英雄譚の地下世界下降のモチーフは、参入礼的な意味を持っています。生きながら地獄に降り、怪物や悪魔をはねのけて進んでいくというのは、参入礼的な試練を受けることです。生きている人間の地獄下りは、英雄の参入礼の特徴で、結果として不死を得ると言えます。神話は宗教的な行為を知るために、儀礼以上の価値を持つことが多々あります。というのも、神話とは宗教的な人間の最も深い、無意識の欲求を表出したものだからです。

神話では、地下世界の大地母神は死の女神ないし死の女王として現れます。彼女には険悪で攻撃的な面があります。英雄が地下世界の大地母神の体内へ下降してゆく神話は、参入礼的性格を映し出しています。英雄が大女の腹のなかに入っていくことや、その口から出てくることは、危険を伴う参入礼の死と再生を指しています。英雄は生きながら怪物や女神の腹に飛び込み、無傷で立ち現れます。

海の怪物の腹は、地下女神の体のように、大地の内部、死者の国、地獄を象徴します。中世文学では地獄は大きな怪物のかたちで表わされますが、その原型は旧約聖書の巨大な海の怪物リヴァイアサンだと思われます。ここでは一連のイメージ、大女、女神、海の怪物の腹が、地下の胎内、夜の闇、死者の国と重ね合わされています。巨体のなかに生きながら入っていくのは、地獄へ降りて死者の味わう試練を経験することと同じ意味をもっています。地下下降の試練を経て帰ってきた者は、死を恐れません。英雄の不死性の起源はここに求められます。

また、異界は知識と知恵の宝庫でもあります。地獄の王は全知の王で、死者は未来を知っています。ある種の神話では、英雄は特別の知恵を得るために、地獄へ下って行きます。また呪師は、脱魂して地下世界へ降りて行きます。そこで、秘密の知恵を入手するのです。

異界へと旅するために英雄はかち合う岩の難関を経る

けれども、大地母神の体内、巨大な怪物の腹は、困難を経て到達する異界のイメージのひとつにすぎないとも言えます。かち合う二つの岩、踊る葦、あご型の門、剣の山、など異界への行く手を阻む難関のイメージは数多くあります。かち合った岩をくぐることは、この世からあの世へと移る関門を抜けることです。異界は死後の国ですが、肉体から離れた霊的な者となる場所でもあります。あの世に入るためには、人は霊体を得なければいけません。その移行のための難関として、互いにかち合った岩をくぐらねばならないのです。

異界は死者の国であるだけでなく、桃源郷であり、神の国や霊界とも受け取られます。若返りの水の番人や命の木の番人の怪物と、このかち合った岩は、宝庫を前にした難関という、同様の意味を持ちます。この困難に打ち克つことは参入礼の試練を経て不死性を持つ英雄となることを意味します。

度外れの聖なる者となるために夢の試練で精霊を得る

こうした個人的な参入礼の試練とは別に、北米には守護霊を授かるための成人儀礼もあります。参入者は守護霊を探して歩き、その守護霊と特別な関係を結びます。ここでは、参入者が聖性の刻印を授かるには、守護霊を得る必要があります。この参入礼の型は、戦士や呪術師になる儀礼や秘密結社の一員になる儀礼にも見られます。北米の参入礼では、加入者は人里離れて暮らします。孤独に行う苦行や断食で参入者は夢や幻影を見て、精霊と出会います。参入者は、生涯を通じてこの精霊と結ばれるための歌を習います。

これと同じ型の参入礼は、秘密結社や舞踏結社への加入儀礼にも、呪術師になる儀礼でも行われます。多くの場合、そこで経験する死は脱魂や忘我、半ば無意識の状態で体験されます。修業者が荒野に独りでいることは、宇宙や精霊の聖性を個人的に発見することを意味します。

北米の舞踏結社で加入者は試練の果てに精霊を踊る

北米のクァキウトル族の舞踏結社は、多数の階層に分かれていて、それぞれが閉鎖された集団を成しています。ある結社は五十三といった多くの階層に分かれていますが、すべての成員が最高段階に昇れるわけではありません。志願者とその家族の社会的かつ経済的な地位が大きな意味を持ちます。ある階層では、結社員はすべて部族の長です。そのため、この加入礼は相当な費用が必要となります。舞踏集団の一員になるのは世襲制で、加入礼は世襲の資格を持つ子どもに限定されます。

その参入礼はとても興味深いものです。聖なる楽器の響きに誘われて、参入者は忘我状態に入ります。これは、参入者が死につつあり、俗界から離れて精霊に取りつかれている徴とされます。参入者は林に連れ去られるか、天界に奪い去られるか、祭り小屋に閉じ込められます。これは、何らかの隔離期間があるということです。例えば、洞窟の中で、参入者が燻製になった死肉を食べます。

参入者が林を出て、祭り小屋に入ることも大きな要素です。祭り小屋は、小宇宙を表しています。参入者は地上界から銅の梯子を伝って天界に昇り、また地獄にも下ります。儀礼のあいだ、参入者は、われは世界の中心にあり、われは柱のもとにあり、と歌います。彼は天地創造が行われている聖なる宇宙＝祭り小屋に住むことになります。参入者は精霊に取りつかれています。時がくると、参入者は仮面をつけて、精霊の仕草を真似るダンスに加わります。この加入礼の本質は、結社の古老たちが、舞踏や歌で、彼をなだめることにあります。参入者は神の面前で得た力を通常に戻し、新しい人格を授かります。祓い清めの儀式が済むと、彼は舞踏結社の一員となります。

◎まとめ

人々は参入礼で生き直し神の知見の鍵を授かる

原古社会の成人儀礼には、うなり木と施術が結びついていますが、どの例もそうではなく、体への刻印や劇的儀礼が見られない場合も多々あります。

成人儀礼は広く普及し、オーストラリア先住民やカラハリ砂漠の先住民のものも記録されています。成人儀礼が表面上見られない北極圏や北アジアでは、宗教生活はシャーマニズムに支配されていて、呪術師は長い、劇的な参入礼によって、一人前の霊視者となります。また、成人儀礼はポリネシアでは消えかかっていますが、秘密結社は栄えています。この秘密結社では参入礼的な筋書きが使われています。つまり、参入儀礼は、成年儀礼か、秘密結社の加入礼か、神の召命により呪師への苦行を経るか、というかたちで、部族社会に広く行き渡っています。

参入礼を執り行う人々にとって、それは神や祖先や精霊によって伝わっていると信じられています。そのため、参入礼は神々の偉業の模倣であり、これを反復することで始まりの時を再び生き、人々は神話的祖先の出現に立ち会います。参入礼はこの世界と部族の歴史の再現であり、全社会が神話時代に立ち戻り、始原の力を得て蘇ります。

加入礼の個々の具体的な表現は、それぞれの社会の慣習と伝承に繋がって多種多様な形を取ります。けれども、その象徴的意味はしばしば世界的に共通しています。単純な形としては、参入者を母親から分離して聖なる世界に導き入れるものがあります。劇的な例では、試練と責苦を経て死と復活を果たします。死が母胎回帰で表わされる型も多くあります。荒野に離れ住んで守護霊を探し求める型もあります。野獣に変身して、荒れ狂うなど、英雄の参入礼に特有の型もあります。呪師になるために、冥界下降や天界への上昇を経る例もあります。

参入礼的な型は神々の生と死を繰り返すというものです。参入における死は、精神的な再生、霊魂の残存、不死性にとって不可欠なものとなります。この疑似的な死は、宗教的人間としてこの世を生き始めるきっかけとなります。

原古社会を理解するためには、参入礼の次の点を知ることが必要です。そこでは一人前の人格は、与えられるものでも自然に得られるものでもなく、神々の先例に従い、言い伝えの手本に習い、先達の導きで形作られます。参入礼を通じて次の世代に、神々の知見が手渡されるのです。

『聖と俗』

エリアーデは、彼の宗教学の総決算として、一般向けにそれまでの自説の要点をまとめた、この『聖と俗』を書きました。彼が生涯関心を持ち続けた、宗教的な人間は聖なるものをどのようなパターンで受け止めたのか、という問題に対する彼の答えがこの『聖と俗』にみることができます。

◎聖なる空間と世界の浄化

人間は聖と俗とに空間を区分けることで安心を得る

エリアーデはまず、人は空間を聖なるところとそうでないところに分けるという話をします。宗教的な人間にとって、空間はどこも同じではありません。聖なる場所とそれ以外では、明らかに質が異なるのです。

聖書の神は、「ここに近寄るな、履き物を脱げ。お前が立っているこの場所は、聖なる土地である。」とモーゼに言いました。

このように、ある聖なる力を帯びた意味深い場所があり、一方には聖なるものではない、特別の意味を持たない場所があります。その違いを、人は聖なる空間と、俗なる空間として捉えています。

空間はどこも同じではないという経験は、宗教的な感じ方の芽生えであって、根本的な体験です。このような空間のなかに生まれた質の違いを感じられるようになって、初めて世界を知ることができるのです。

そこから世界の中心という感覚も生まれてきます。何の目印もなく、見当のつけようもない漠然としたところに、一つの聖なる中心が感じ取られるようになります。このような聖なる空間の発見が、人にとってどんな価値を持つのかはよくわかります。方向づけがなければ何も始まらないし、何も起こりません。宗教的な人は、いつもこの世界の中心に住むことを望みました。

通俗な人もある種の特別な思い出深い空間を持つ

これに対して、通俗な人にとっては、空間はどこも同じに感じられます。けれども、俗なる人にとっても、意味を持つ場所が浮かび上がることもあります。故郷や、初恋の景色、若い頃旅した異国の町などです。

このような場所では、宗教的でない人にとっても、日常とは異なる特別な思いが生

◎湯殿山。御幣によって結界された聖なる場所。山形県、出羽三山の一つ。社殿はなく、赤褐色の巨岩がご神体である。裂け目から温泉がこんこんと湧き出る。

まれることもあります。

さて、宗教的な人の感じる場所の質の違いは、どの宗教でも経験されることであります。

身近な例として町のなかにある教会を考えてみましょう。信徒にとって、この教会は、それが建っている周りとは別の空間となっています。

教会の扉は神と会う場所と俗世間との隔たりを示す

教会のなかに入るドアは、ここで場所の区切りがあることを示しています。内と外のあいだにある敷居は、俗と聖なるところの隔たりを示しています。そこは俗世間から聖なる世界へ移ることのできるところです。

同じような儀礼的な働きを人の住まいの敷居もまた持っています。それゆえに、敷居は大切な意味を与えられます。敷居は敵の侵入をさえぎるだけでなく、そこには疫病や魔物を防ぐ守護神や守護霊がいると考えられていました。

寺院には神や天使が降りてきて人が昇れる天窓がある

こうしたことは、いかに教会がそれを取り巻く人の住まいや仕事場とは全く異なる場所であるかを物語っています。

聖なる場所においては、俗世間は越えられています。宗教的な人は、この聖なる場所で神々と交流することができます。そこには神が降りてきて、人が天に昇れる通路としての、上に向いた入り口がなくてはなりません。さまざまな宗教における聖なる場所には、このような通路があるのを見て取れます。

確実な聖なる場所の中心を定めて人は居る場所を知る

寺院には上に向かう入り口があり、天界との行き来ができるような造りになっています。

聖なるものに包まれた人生を送りたいという、宗教的な人には、偽りの世界ではなく、確かな、力強い世界のなかに生きたいという願いがあります。それは、清められた世界に生きたいという憧れでもあります。

人が聖なる空間を確定する儀式は、神々の仕事を再現する力を持っています。宗教的な人にとっては、寺院は宇宙の中心にある山と同じ意味を持ち、天と地を結ぶ絆だと考えられてきました。このように人は聖なる中心をみつけ、そこを頼りに方向を定めて暮らしてきました。

◎聖なる時間と神話

人間は俗なる時を抜け出して聖なる時を繰り返し生きる

◎パリのノートルダム大聖堂のバラ窓。天界との行き来を象徴するようにステンドグラスで飾られる。

宗教的な人にとっては、場所と同じように、時間にも違いがあります。一方には聖なる時の期間、祭りの時があり、他方では俗なる時、つまり宗教的な意味のないできごとが行われる日々があります。

この二種類の時間には切れ目がありますが、宗教的な人は、儀礼の助けを借りて、その切れ目を乗り越えます。

また、聖なる時間は反復されます。宗教的な祭りは、すべて神話的な過去、始まりの時の再現を意味します。祭りに加わることは、ふつうの時間の流れから抜け出して、祭りで繰り返される神話的な時へと帰ることであります。

聖なる時間は何度でも再現されることができます。それは過ぎ去ることがなく、流れて行きません。周期的な祭りのたびごとに、人は去年の祭り、あるいは百年前の祭りに経験した聖なる時へと立ち戻ります。それは神々が祭りによって繰り返される行いを成しとげた時にさかのぼります。

祭りではこの世の中の物事を神が始めた時間へ帰る

言い換えれば、人は祭りのなかで、初めに実現した聖なる時へ立ち帰るのです。祭が再現する、祖先や神々が活躍した神話的な時より前のことを、原古社会の人々は考えられません。

宗教的な人は、清められた時間を知っています。それはふつうの時間とは違い、神々によって清められ、祭りによって再現される始まりの時であります。

宗教的な人にとって、ふつうの時間の流れは、聖なる時によって、周期的に止められるものです。教会が周りの場所から区別されるのと同じように、その内側で行われる祈りの時は、世俗の時間と切り離されます。

教会のなかではかつてキリストが生きた時間が反復される

もはや町なかのふつうの日常は遠ざかり、キリストの生きていた時間、イエスの説教、イエスの受難、イエスの復活によって蘇った時間がそこにあります。

キリスト教以前の宗教の周期的に再現された時間は、神話的な時であり、歴史の一点に集約できない始まりの時であります。

新年が始まるごとに清められ宇宙を創る活力が戻る

古代文化の宗教的な感覚では、世界は一年ごとに建て直されます。世界は新しい年が来るたびに、その始まりの清らかさを取り戻し、新年のたびごとに世界が新しく創造されるのです。

宇宙を作ることには、時間を作ることも含まれています。たとえば、ヤマイモが創造される前には、それを成長させ、実を結ばせ、枯れさせる時間もまだありえなかったはずです。

年の改まるごとに過去の過ちを清められ、人はより自由に、より清らかになったと感じます。人は宇宙が作られた神話的な時間にまた帰ることができます。それは始まりの時、宇宙の創られた時であるから、強烈な清めの時であります。

太古的な考えとして、宇宙創造を毎年繰り返すことで時間が再生されます。時間は聖なる時間として、新しく始まります。人は世界の終わりと蘇りに祭りを通して参加することで、始まりの時に居合わせる感じを味わいます。

その人は新しく生まれたのであり、生まれた時と同じように、満ち足りた力のたくわえを再びもらって、もう一度人生を生き直すのです。

神聖で強力な時間とは、始まりの時であり、物事が作られ、姿を現わした瞬間であります。そこで人は、祭りや年の初めの行事でこの始まりの時に繰り返し立ち帰ろうとします。

神話は、この始原に初めて行われた出来事として、神々や先祖の歴史を物語ります。祭りは、この先祖や神々の活躍する神話的な時間に、人を連れ戻すのです。

◎自然の神聖さと宇宙への宗教観

丹念に神が作った自然とは畏れを誘い霊験を持つ

宗教的な人にとって、自然とは単なる自然ではありません。それはいつも宗教的な意味に満ちています。このことは簡単に想像できます。なぜなら、宇宙は神の作ったものであり、世界は神々の手で成ったものであり、そのため永久に清められているからです。

直接的な神の奇跡の他にも、自然自体に神の息吹が宿っています。世界の秩序は神が念入りに作ったものです。そこでは空は直接、かつ自然に無限の遠さ、神の高みを表します。大地は母として命を育てるものです。

ちっぽけな人間の手に届かない空の高みに永遠がある

青空はただ仰ぎ見るだけで、すでに宗教的な気持ちを呼び起こします。天は無限なもの、高みとして示されます。その意味で小さな人間とは、かけ離れています。人の手の届かない高み、星の輝くところは、神や永遠の居場所と思われます。神の高みは人の届かないところにあります。神殿の階段や天の梯子を登る者は、人であることをやめて、神々の場所に足を踏み入れます。

天の神の歴史は、宗教の歴史を知る上で大きな意味を持ちます。天の神は人間から次第に遠ざかり、そして暇な神となります。天の神は宇宙や生命や人間を作り終わって、一種の疲れを感じます。天地を作る仕事に力を使い果たしたかのようであります。彼は天に引退して、この世を作るのを終えるために、その息子を残します。

次第に天の神の地位は、神話のなかの祖先や母なる神や実りの神という他の姿に取って替わられます。

◎長野県諏訪大社の大祭、御柱祭。上社の木落としの場面。七年目ごとの春に行われる。あらかじめ選んでおいた八ヶ岳山麓の樅の大木を、氏子たちが曳き出して、社殿まで運ぶ。社殿の四隅に立つ柱が新しく建て替えられる。

嵐の神は天の神の性格を残しています。けれども彼はもはや創り主ではありません。それは大地を実らせる神に過ぎず、母なる実りの女神の助け役に過ぎません。天の神がその地位を保っているのは、とりわけヤハウェやアラーの一神教においてです。

天空は宗教的な人間が高みに昇るシンボルとなる

けれども、天の宗教的な意味は、魂の上昇、梯子昇り、宇宙の木、宇宙の山など、高みへ向かおうとする信仰に命を与え、それらを支えるというところにあります。世界の中心というのも、天の高みとかかわって力を持ちます。なぜなら高みを示す天との交流は、この世の中心で行われるからです。

天の高みが本来の宗教的な生活から姿を消したあとも、それは宇宙の木や宇宙の柱を通して引き続きその働きを保ち続けました。

万物の源である水はみな溶かし清めて息を吹き込む

天の他には、水があらゆるものの源と考えられ、世界の成り立つところと考えられました。大地ができるイメージの象徴的なものは、水のなかに突然現れる島です。逆に水に沈むことは姿が消えてなくなることを連想させます。水は死と再生を表します。万物は溶けたのちには再び姿を成し、水に浸ることで力を授かります。どんな宗教でも水の働きは明らかです。それは、溶かし、清め、洗い流し、再生させるものです。

地の底や洞穴、泉、小川など大地の母が人間を生む

また大地について言えば、人は大地から生まれたという信仰は広く見られます。多くのことばにおいて、人は、大地から生まれたもの、と呼ばれています。子どもは地の底、洞穴、泉や小川から来ると信じられています。人間を生むのは大地であり、人間の母親は大地から命を生み出す行為をなぞっているのに過ぎない、と信じられているところは多くあります。

いつまでも尽きることなく葉をつける木の生命は宇宙そのもの

また宇宙の木に対する信仰もあります。命が尽きることなく生み出される不思議さは、宇宙の発育の力と考えられてきました。そのため宇宙は、巨大な木の姿で考えられたりします。宇宙の発育の力は、木の命と等しいものとみなされます。

繰り返し宇宙が生まれ変わる不思議が、春というものに宗教的な意味を与えています。植物信仰は宇宙の不思議を示す印となります。その他、石は聖なる力のシンボルとなり、月はあの世とかかわりを持ち、太陽や英雄は王のイメージと重ね合わされます。

いつの日も宗教的な人間に世は聖性の現れとなる

◎ガンガー（ガンジス川）。聖なる水で沐浴する人びと。

キリスト教は、宇宙の生命が神の印であるという信仰を古い宗教から引き継いでいます。今まで見てきたように、宗教的な人間にとって、世界は聖なるものの現れとして、意味を帯びています。

◎宗教的人間と現代人のこころ

現代の多くの人は神を捨て歴史のなかの事実のみ背負う

宗教的な人は、この世界で独特の生き方を引き受けています。それは、宗教の違いにかかわらず、見て取ることができます。どんな歴史のもとにあっても、宗教的な人は、この世の中には、この世をはるかに超越しているけれど、信ずべきものが必ずあると感じています。人は生命が聖なるものから生まれてくることを信じ、人間に何かができるのは、聖なるものとかかわっていて、生きている実感を与えられるお陰だと感じています。

神々は人間と世界を作り、文化英雄や先祖はその創造を完成させました。こうした聖なるわざの歴史は、神話のなかに保たれています。

人間は聖なる歴史を反復し、神々の振る舞いを真似ることで、神々の近くへ、意義のある人生へ身を移します。

このような宗教性を帯びた生き方と、宗教性と無縁の人の生き方を区別する必要は、簡単に理解できます。非・宗教的な人は彼方に聖なるものがあることを認めず、世の中の不確実さを認めます。時には、生きる意味さえ疑います。このような無信仰な人は古来、散見されましたが、近代西洋社会では中心に躍り出ました。

近代人は新しい生き方を引き受けました。近代人は、自分を歴史の唯一の担い手と考え、神の意志を拒みます。言い換えれば、人間の作る歴史以外には、いかなる人間性も認めません。聖なるものは、近代人が自由を得る妨げとなります。

「神は死んだ」を議論することが、ここでの目的ではありません。ただ、近代人が悲劇的な孤立を引き受けたこと、その選択は重く深いことは確かです。近代人は「迷信」から自由になり、その束縛を祓い清めたのです。その意味では、近代人は宗教的人間の痕跡を留めています。

無意識の奥に眠った聖性が現代人に呼びかけている

宗教を失った人間は、たとえ意識していなくても、依然として宗教的に振る舞います。現代人は、演劇や書物や映像で、英雄の戦いや試練、永遠の乙女や楽園といった宗教的世界を束の間生きています。非・宗教的人間と言っても、無意識の世界に根を張って生きています。無意識は宗教的宇宙を内に保持しています。人が袋小路を抜けるのは無意識に潜む神々の気配に触れるときです。宗教と神話は彼らの無意識のなかに隠れていると言えます。それは、現代人が、奥深いところで、魂の経験を回復する可能性を秘めていると言い換えることもできます。アダムは神に背いて堕落しましたが、現代人は宗教性を無意識の奥に埋蔵したかたちで保っています。

エリアーデは、このように、宗教的人間が聖なるものとどのように出会い、それをどのような思考パターンで宗教的な行為として消化し、象徴を用いて表現して来たかということを追い求め、個々の宗教を越えた宗教的人間の意識を開示することに努めました。彼の拓いた宗教学の知見は、脱・宗教の世界を生きる多くの現代人にとっても、象徴や神話の本来の意味をありありと伝えてくれるために、新しい創作の数多くの着想を無尽蔵に含み、心の宇宙の深みを探る現代人に多くの事例で答えているということができます。

あとがき

この本で、読者とともに、短歌を一里塚として、宗教の原郷を旅することができた。この「短歌で読む」シリーズで、哲学史、ユング、と心の宇宙を探ってきたが、ぜひとも宗教の世界にも迫りたいという思いがあった。

ユングと親交の深いエリアーデを選ぶことで、この見取り図を現実のものにできた。若い頃からエリアーデには深い関心を寄せてきたが、どうすれば多くの著作の、わかりづらい真意を読者に伝えることができるのか見当がつかなかった。

けれども、初期の宗教学概論の三部作に、後年の『聖と俗』に通じるエリアーデ宗教学の核心がすでに集約されていることに気づき、これを導入部として、その後の著作を紹介して行くとエリアーデの宗教学の要点を踏み外すことがないと思うに至り、そのようにこの本を書くことで、読者を眺めのいい場所へ案内できたと感じている。

多くの著作の中から、エリアーデを概観する本を選ぶ際には、オランダのゲラルダス・ファン・デル・レーウから影響を受けた、独自の宗教現象学の持ち味が出ていること、つまり、見てきたように宗教経験に立ち会うようなスリルを感じる著作かどうかを基準とした。

『マイトレイ』を初めとする、エリアーデの小説の世界も興味が尽きないが、話を宗教学に限ったため、読者の今後の楽しみに委ねた。

エリアーデの生涯については、「はじめに」の部分で簡単に紹介するのに留めた。『シャーマニズム』など、ディープな著作に踏み込んだことには悦びを感じているが、ヨーガの話や鍛冶屋と呪術師の話など、エリアーデの得意なテーマをすべて網羅することは、当然ながらできなかった。また、晩年の『世界宗教史』に触れることは、紙幅の都合上、今回はあきらめた。別の機会に挑戦したい。

現在の視点で見て、表現に受け入れがたさがある場合は、文意を変えずにやさしく読み替えたところがいくつかあることはお許し願いたい。

宗教学と言っても、仏教やキリスト教やイスラム教など、特定の大宗教に焦点を当てたものではなく、どちらかと言えば、原古社会の宗教心を中心に書かれていることも、本書の特色である。

本書を書くにあたっては、エリアーデの翻訳書に基づいている。エリアーデの原典の翻訳をした方々には、心から敬意と感謝の意を表したい。

またいくつかのエリアーデの参考文献から、学ぶところが多かった。これらの参考文献の執筆者、翻訳者の方々にもお礼を申し上げたい。

最後に、貴重な助言を頂いた石塚純一さん、田畑書店社長の大槻慎二さん、同編集部の今須慎治さん、その他の方々に謝意を表したい。

山口拓夢

参考文献

エリアーデの著作
『エリアーデ著作集　第一巻　太陽と天空神』久米博訳（せりか書房　一九八六）
『エリアーデ著作集　第二巻　豊饒と再生』久米博訳（せりか書房　一九七四）
『エリアーデ著作集　第三巻　聖なる空間と時間』久米博訳（せりか書房　一九八一）
『永遠回帰の神話―祖型と反復』堀一郎訳（未來社　一九六三）
『シャーマニズム―古代的エクスタシー技術』堀一郎訳（冬樹社　一九七四）
『生と再生―イニシエーションの宗教的意義』堀一郎訳（東京大学出版会　一九七一）
『聖と俗―宗教的なるものの本質について』風間敏夫訳（法政大学出版局　一九九八）

その他参考文献

『エリアーデ宗教学の世界―新しいヒューマニズムへの希望』デイヴィッド・ケイヴ
吉永進一、奥山倫明訳（せりか書房　一九九六）
『聖なるものをめぐる哲学　ミルチャ・エリアーデ』マルセリーノ・アヒース＝ビリャベルデ　平田渡訳（関西大学出版部　二〇一三）

田畑書店

短歌で読む宗教学

2021年1月20日　印刷
2021年1月25日　発行

著者　山口拓夢《やまぐちたくむ》

発行人　大槻慎二
発行所　株式会社 田畑書店
〒102-0074　東京都千代田区九段南3-2-2　森ビル5階
tel 03-6272-5718　fax 03-3261-2263
装幀・本文組版　田畑書店デザイン室
印刷・製本　モリモト印刷株式会社

ISBN978-4-8038-0379-2 C0095
定価はカバーに表示してあります
落丁・乱丁本はお取り替えいたします

短歌で読む哲学史

山口拓夢

短歌で哲学を詠む？　その破天荒な試みがもたらした絶大な効果！……本書は高校生から読める「哲学史」を目指して書き下ろされた。古代ギリシアのタレスからアリストテレスまで、また中世神学、カント、ヘーゲルからドゥルーズ＝ガタリまで、一気に読ませると同時に、学説の丁寧な解説により哲学の醍醐味を十分に味わうことができる。そして本書の最大の魅力は、短歌の抒情性と簡潔性が複雑な西欧哲学の本質に見事に迫り、そのエッセンスを摑んでいること。本書に触れた読者はおそらく、まるで哲学の大海原に漕ぎ出す船に乗ったかのような知的興奮と醍醐味を堪能するにちがいない。

定価：本体 1300 円＋税

田畑ブックレット

短歌で読むユング

山口拓夢

フロイトと並んで20世紀心理学を牽引したユング——本書は、ユングが試行錯誤をくり返し、無意識の世界を汲み上げる方法を切り開いていったプロセスに迫る。『ユング自伝』から代表的な著作となる『元型論』。世にも珍しい『赤の書』からユング心理学の総決算となる『アイオーン』まで。

前作『短歌で読む哲学史』に続いて、ユングの生涯にわたる著作をほぼ時系列に取り上げながら、難解だとされるユングの学説を《短歌》にまとめることでポイントを押さえ、読み進めると知らず知らずのうちにユング通になる、唯一無二、画期的なユング心理学入門書！

定価：本体1500円＋税

田畑ブックレット